AF 140040

Willys Tagebuch

Die ersten Monate
einer Findelkatze

erzählt und fotografiert von
Thomas Preller

ISBN: 9783732283941
Zweite ungekürzte Ausgabe
© Oktober 2015, Thomas Preller
Das Werk ist urheberrechtlich geschützt.
Sämtliche, auch auszugsweise Verwertungen
bleiben vorbehalten.
Umschlagkonzept: Thomas Preller
Umschlagbild: Thomas Preller
Alle Fotos und Illustrationen © Thomas Preller
Herstellung und Verlag: BoD – Books on Demand, Norderstedt
Die Deutsche Nationalbibliothek verzeichnet diese Publikation in der Deut-
schen Nationalbibliografie;
detaillierte bibliografische Daten sind im Internet über www.dnb.de abrufbar.

Dieses Buch ist allen Katzen gewidmet,
die das Jahr nicht überlebt haben
und denen, die Willy auf seinem zukünftigen
Lebensweg begleiten oder begleitet haben:

Molly
Salsa
Lola,
Caruso,
Herr Schiefkopf,
Frau Basedow,
Herr Rötli,
Frau Güllegrube,
Luigi Cannelloni,
Herzibobbele
und Franzi.

Mein Dank geht
an den Bauernhof am Ort,
und an den Willy-Fanclub im Internet.

Ohne Euch wäre dieses Tagebuch
nicht entstanden!

🐾 Erster Tag: Dunkelheit

Ich weiß nicht, wie ich hierhergekommen bin. Ich weiß nur, dass ich einen Tritt bekommen habe, auf einmal auf diesem einsamen Feldweg saß und niemand da war. Meine Mama nicht und meine Geschwister auch nicht. Ich kann nichts sehen, ich kann nur hören. Und plötzlich höre ich Schritte, die auf mich zu gehen. Ich habe Angst.

Vielleicht sollte ich doch mal in die Richtung gehen, woher die Schritte kommen? Na ja, schlimmer als jetzt kann es kaum noch werden, und trotzdem dass ich so elend schwach, durstig, hungrig und müde bin will ich wissen, was mich da erwartet.

Ich höre eine Stimme die sagt

„Hey, das Kleine sieht ja aus wie der Killerwal aus dem Spielfilm! Genauso mutig ist es, es kommt direkt auf mich zu. Ich denke Willy passt als Name ganz gut zu dir".

Kurze Zeit später höre ich dieselbe Stimme sagen: *„Kein Wunder dass es auf mich zu kommt, die Augen sind total verklebt und es*  *sieht überhaupt nichts. Sag mal, wo kommst du denn her? Wo sind deine Mama und deine Geschwister?"* Na, du Schnellmerker, jetzt hast du anscheinend erkannt, dass ich blind bin.

 Ich spüre den Geruch einer anderen fremden Katze neben mir und die Stimme sagt: *„Du, Herr Schiefkopf, ist das eins von Deinen Kindern?"* Aber so schnell wie er gekommen ist, verschwindet dieser Geruch auch schon wieder.

Plötzlich berühren mich zwei warme Hände und heben mich hoch.

„Wir sollten das Kleine mal zur Bäuerin bringen, die hat für den Notfall Augensalbe von der Tierärztin im Regal und total verdreckt ist es auch, sieh dir mal das Fell an."

Irgendwie habe ich das Gefühl, die Hände, die mich umschließen, wollen mir nichts Böses. Also halte ich mal still und warte ab, was da noch so kommt.

Ich werde ein Stück weitergetragen. Hier riecht es nach ganz vielen anderen Tieren, die ich nicht kenne. Zwischendrin macht eins von diesen Tieren Geräusche, das hört sich wie „MUH" an.

Kurze Zeit später sagt eine andere freundliche Stimme *„Wo habt ihr denn das her, das kenne ich gar nicht."* Und dann merke ich, dass ich oberhalb meiner Nase links und rechts etwas Glitschiges aufgetragen bekomme und die Stimme, die mich trägt sagt:

„Jetzt bekommst du erst mal deine Augen von der Bäuerin behandelt, so kann man das nicht lassen und anschließend tragen wir dich wieder an den Platz zurück, an dem wir dich gefunden haben. Vielleicht wartet deine Mama schon auf dich, ich hab da eine Katze laufen sehen, die so ähnlich aussieht wie du."

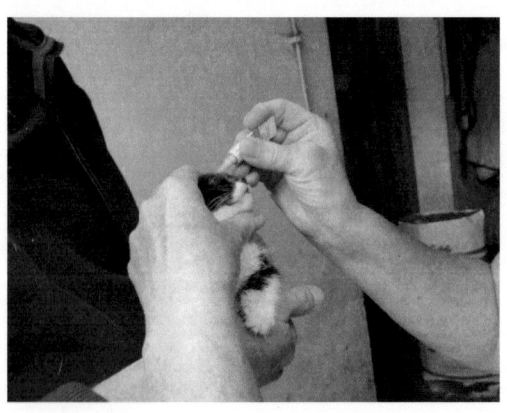

Ich werde wieder ein paar Schritte getragen, auf den Boden gesetzt und höre nur, wie zwei Menschen diskutieren, was sie jetzt mit mir machen sollen.

„Sollen wir es mitnehmen oder nicht? Wir lassen es vorläufig hier, es kann ja sein, dass die Mama es wieder holt. Morgen sehen wir nach, ob das Kleine noch da ist."

Ich spüre noch wie unter mich ein Schälchen ge-schoben wird und man drückt leicht meinen Mund hinein.

„Komm, frische Kuhmilch für dich. So schwach wie du bist musst du bestimmt hungrig sein, das ist ganz was Feines und schmeckt richtig gut!"

Ich mag gar nichts weil ich müde bin und mich kaum bewegen kann, auch wenn ich zum Abschied noch einmal sanft gestreichelt werde.

Ich weiß nicht wo ich bin, ich weiß nicht, was war und was sein wird. Die Stimmen entfernen sich langsam und ich bin wieder allein. Keine Geschwister und keine Mama, die ich rufen könnte.

Ich bin schwach, kann mich kaum auf den Beinen halten und ich habe wieder Angst. Das Einzige was ich höre, sind laute Geräusche von vielen eisernen Tieren, die ganz schnell in der Ferne vorbeilaufen. Die Menschen sagen Autos dazu. Es wird langsam kühl um mich herum, es ist dunkel und ich schlafe ein …

Werde ich jetzt sterben?

🐾 Aufbruch in ein neues Leben

„Sieh mal, es liegt noch an derselben Stelle in der prallen Mittagssonne! Ob es noch lebt? Es bewegt sich nicht mehr."

Die beiden Stimmen, die ich gestern schon gehört habe beginnen zu diskutieren, was sie mit mir machen sollen.

Mit letzter Kraft hebe ich meinen Kopf, als sie sagen *„Sieh mal es lebt noch! Komm, wir nehmen es jetzt mit zur Tierärztin, sonst überlebt es den Tag nicht."*

Ich werde behutsam von dem harten Boden, auf dem ich geschlafen habe, aufgehoben und sanft gestreichelt.

„So, jetzt suchen wir mal was, mit dem wir dich transportieren können, weil wir keinen richtigen Katzenkorb dabei haben. Eine Pappschachtel tut es für den Moment auch, bis wir zu Hause sind."

Ich werde in die Schachtel gesetzt und über mir wird der Deckel geschlossen, das fühle ich.

Nach ein paar Schritten in dieser komischen engen Schachtel werde ich ganz fürchterlich durchgerüttelt. Das nennen die Menschen Fahrrad fahren, aber mir gefällt das überhaupt nicht. Ich protestiere zwar mit letzter Kraft aber es nützt nichts, das Rütteln geht weiter.

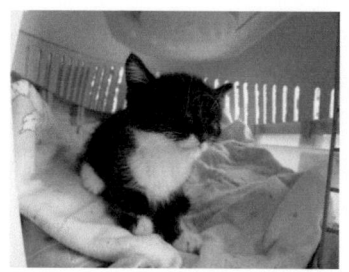 Zum Glück dauert die Fahrt nicht lange und ich werde von der Schachtel, in der ich mich kaum um-drehen kann in ei-nen komfortablen Korb mit Kissen umgela-den. Oh, ist das weich, so was kenne ich gar nicht aber es fühlt sich richtig angenehm an. Viel Platz und Luft zum Atmen habe ich hier auch, das ist schon viel schöner.

Das, was allerdings jetzt kommt kenne ich nicht und würde es mir sehr gern ersparen: Tierarzt! In meinem Fall eine Tierärztin, aber ich glaube das macht keinen großen Unter-schied.

So neugierig ich auch bin, irgendwie ist das alles sehr komisch. Überall fremde Stimmen und ein seltsamer Geruch nach allen mögli-chen Tieren, trotzdem auch ein Geruch von unglaublicher Sauberkeit.

„Wen haben wir denn da, das sieht ja übel aus! Die wurde wahrscheinlich auf dem Bauernhof ausgesetzt, das habe ich schon einige Male erlebt. Die Katzen vom Bauernhof sehen niemals so aus. Lass dich doch mal ansehen was du bist."

Ich werde auf den Rücken gedreht, obwohl ich diese Stellung überhaupt nicht mag und mir werden meine Hinterbeine auseinandergedrückt.

„Ah, da haben wir einen kleinen Buben vor uns, ich schätze ihn auf ungefähr vier Wochen.

Ob er Augen hat? Also links sehe ich ganz hinten so etwas wie ein Auge und rechts überhaupt nichts. Im Moment ist alles voll Eiter und ich sehe fast nur rohes Fleisch, da müssen wir vorerst abwarten und im schlimmsten Fall könnte er blind bleiben. Jetzt bekommt er erst mal Antibiotika und weil er komplett ausgetrocknet ist, Wasser unter die Haut, auch wenn das fürchterlich weh tut. Im Fell hat er keine Parasiten, aber entwurmt wird er auf jeden Fall. In zwei Tagen sehen wir uns wieder, dann bekommt er die nächste Antibiotikaspritze."

 Die Tierärztin nimmt mit zwei Fingern mein Fell am Rücken, zieht es hoch und es bleibt einfach so stehen, das scheint nicht normal zu sein und weh tut es mir auch.

Vielleicht habe ich deswegen schon die ganze Zeit Durst?

Muss man Tierärzte mögen?

Ich habe ihr nicht die Erlaubnis gegeben, wegen einer angeblichen Körpertemperaturmessung mir ein kaltes metallenes Ding in den Hintern zu schieben; wir sind doch schließlich nicht bei „Shades of grey" oder wie das heißt.

Aber jetzt werde ich auch noch in meinen Rücken gestochen und habe höllische Schmerzen dabei. Au, das tut so wahnsinnig weh, ich 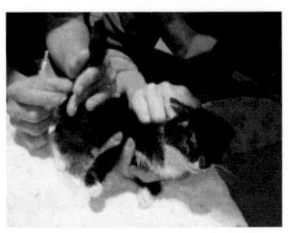 will mich nicht in den Rücken stechen lassen, aufhören!

Nein, gut Zureden ist mir auch egal, dann muss ich eben schreien, was das Zeug hält.

Zu allem Überfluss meint die Tierärztin „*Der Bauch fühlt sich sehr hart an, ich mache zur Sicherheit einen Einlauf, nicht dass wir da auch noch Probleme bekommen.*"

Einlauf? Was ist das? Schon wieder bekomme ich etwas Kaltes in meinen Hintern geschoben und es gurgelt ganz fürchterlich in mir. Ich versuche zwar, mich zu wehren aber es sind einfach zu viele Hände, die mich festhalten.

Nach zwei oder drei Stichen in meinen Rücken höre ich noch *„Alle drei Stunden ein Fläschchen mit Milchersatz und zweimal täglich Augentropfen, dann sollte es dem Kleinen vielleicht bald besser gehen. Wir können nur hoffen, dass er überhaupt durchkommt. Im Moment steht er wegen seines ausgetrockneten Körpers ziemlich auf der Kippe. Dann bis übermorgen, da sehen wir uns hoffentlich wieder."*

Es scheint ziemlich schlimm um mich zu stehen, wenn ich so die Worte dieser Tierärztin höre. Aber Fläschchen und Milch hört sich gut an, bei diesen Augentropfen bin ich mir nicht ganz so sicher.

Erschöpft wie ich bin, lasse ich aber alles über mich ergehen. Und so schwach ich auch gerade bin, mein Lebenswille ist trotzdem ungebrochen.

„*Du bist also ein Bub*" sagt die Stimme, die mich hierher gebracht hat. „*Dann werden wir dich wohl Willy nach dem berühmten Orca aus dem Film nennen, das passt gut zu dir.*" Woher will der jetzt wissen, was zu mir passt und ob mir dieser Name überhaupt gefällt? Na gut, es hätte schlimmer kommen können und ich kann froh sein, dass sie mich nicht Samson oder Püppi getauft haben. Die andere helle Stimme, die ich gestern schon gehört habe, sagt noch „*Du bist ja wirklich vom Himmel gefallen*", und ich verstehe nicht, was sie damit meint.

Zurück ins Körbchen, wo werde ich denn jetzt hingebracht? *„Du kommst erst mal mit zu uns, da kannst du Tante Molly, Tante Salsa und Tante Lola kennenlernen, das wird bestimmt lustig und dann überlegen wir uns, wie es mit dir weitergeht."*

Tanten? Welche Tanten? Ich wusste nicht, dass ich auch Verwandtschaft habe. Ganz geheuer ist mir das nicht, aber momentan bin ich viel zu müde, um darüber nachzudenken und dann auch noch der ganze Stress bei der Tierärztin.

Noch bevor wir am Ziel angekommen sind, zeigt sich die Wirkung von diesem Einlauf. Das ist mir jetzt wirklich peinlich aber durch das herumtragen im Korb kann ich nicht anders, ich habe einfach keine Kraft mehr. Interessanterweise freuen sich allerdings die Stimmen, dass ich in den Korb gemacht habe.

Einrollen und schlafen wird jetzt das Beste sein, obwohl es an diesem Ort, wo ich jetzt gelandet bin, so viele neue Gerüche und Geräusche gibt.

Eigentlich bin ich ja von Geburt an sehr neugierig und würde schon gerne wissen, nach was es hier riecht und wie die beiden Stimmen aussehen, die ich die ganze Zeit höre. Es ist alles völlig anders als ich das zuvor in meinem kurzen Leben erfahren habe.

Ich kann nicht einmal sagen dass mir die Augen zufallen weil ich nicht weiß, ob ich überhaupt welche habe. Aber ich beginne davon zu träumen wie es war, als ich noch mit meiner Mama im Nest gekuschelt habe, sie mir schnurrend das Fell mit ihrer warmen und rauen Zunge sauber geleckt und sich meine Geschwister an mich gedrückt haben.

Herrlich, ein wundervoller Traum!

🐾 Die drei von der Napfstelle

Der nächste Morgen, ich kann immer noch nichts sehen, aber riechen kann ich gut, obwohl ich noch furchtbar müde bin. Ich rieche Katzen! Und ich höre Fauch-, Schnurr- und Knurrgeräusche.

„Servus Willy, ich bin die Molly.
Ich bin hier im Haus geboren und lebe schon neun Jahre da. Mein Papa ist vor ein paar Jahren ausgezogen und kurz darauf ist meine Mama gestorben, das habe ich aber alles nicht richtig mitbekommen.

Ich bin wegen meines Alters von allen Katzen im Haus die ruhigste, aber meistens draußen unterwegs, um Mäuse zu fangen.

Wenn du ein Geheimnis für dich behalten kannst, erzähle ich dir noch, dass ich einen Freund habe, den wirst du später kennen lernen.

Du riechst so, als würdest du gerade vom Tierarzt kommen, das ist ja schrecklich. Immer wenn ich da hin muss, fange ich zu zittern an, hechle und mir gehen die Haare aus.
Ein guter Rat von mir: Ich brauche sehr lange, um mit jemandem warm zu werden, egal ob es Katzen oder Menschen sind, also benimm dich in meiner Gegenwart anständig."

Molly klingt eigentlich ganz nett und sie macht von der Stimme her einen recht besonnenen Eindruck. Sie scheint ganz vernünftig zu sein und ich glaube, ich brauche keine Angst vor ihr zu haben, weil sie auch die ganze Zeit schnurrt.

„Guten Tag du, ich bin Salsa und komme aus Frankreich, genauer gesagt aus dem schönen französischem Baskenland und wohne mit meiner Tochter Lola seit einem halben Jahr hier.

Meine Maman hat wegen der Liebe das Land verlassen und ist über zweitausend Kilometer mit uns hierher gefahren. Ich bin dreifarbig, trage modische Pluderhosen und außerdem die Schönste im ganzen Land.

Ganz im Vertrauen: Der Karl, oder wie dieser Modeschöpfer heißt, hätte eine wahre Freude an meinem Gezicke und wenn mir was nicht passt, hört sich das an, wie der Start beim Formel 1 Rennen. Und weil ich so schön bin, darfst Du mir täglich huldigen.“

Ich habe das dumpfe Gefühl, dass da tatsächlich eine richtige Zicke vor mir steht, das sagt mir schon der Tonfall ihrer Stimme mit diesem unterschwelligen schnippischen Akzent. Die Tante Salsa scheint eine richtige Diva zu sein.

Aber vielleicht ist sie im Grunde ihres Herzens doch eine ganz Nette, auch wenn sie zwischendrin murrt und faucht.

„Was will diesör kleinö schwarzö Teufööl ier? Isch bin Lola, die Tochtör von die Salsa und abö Schwierigkeitön bei die Sprachöö. Isch kann gut knurrön, fauchön und die ganze Tag essön, isch abö immör ungöör. Die Näpfö in diesö Haus geören allö mir".
(Übersetzung des Autors: Lola beansprucht alle Näpfe im Haus, ist total verfressen, auf Diät gesetzt und fängt deswegen in ihrer Verzweiflung sämtliche Mäuse und Ratten in der Gegend, ihren französischen Akzent wird sie wohl nie los.)

Knurren und Fauchen kann sie wirklich gut was ich so höre, aber richtig Angst macht mir das nicht.

Ich glaube, das ist eher Theaterdonner damit sie nicht das Futter mit den anderen Katzen teilen muss, weil sie so unglaublich verfressen ist. Oft ist das bei ihr auch eine Art „*Frustessen*", wie das auch bei manchen Menschen der Fall sein soll, wenn sie mit irgendetwas total unzufrieden sind.

Wenn sie in ihrem Körbchen schläft, hängen meistens eine Vorderpfote und eine Hinterpfote über dem Körbchenrand. Sie schläft auch ziemlich viel, deswegen verhandelt sie gerade über die Hauptrolle in einem Film; der Titel heißt
„*Lola pennt*".

Du liebe Güte, drei Katzentanten? Na, das kann ja heiter werden, aber allemal besser als wenn ich einsam auf einem Feldweg sitzen muss, kein Dach über dem Kopf und nichts zu essen habe. Das riecht hier alles so neu und ungewohnt, aber ich bin zu erschöpft um darüber nachzudenken und trotzdem fühle ich mich an diesem Platz recht wohl.

Zu allem Überfluss wird mir jetzt auch noch irgendwas Weiches in den Mund geschoben; aber halt, das ist warm und schmeckt himmlisch!

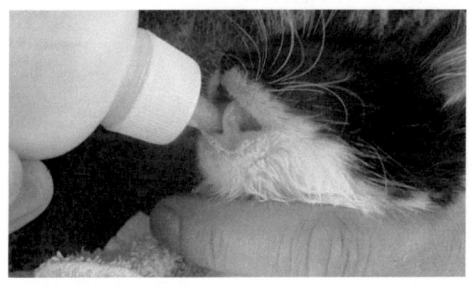

Das schmeckt ja fast wie die Milch von Mama, an die ich mich kaum noch erinnern kann. Ja, das tut gut und anschließend bekomme ich sogar noch eine Bauchmassage. Mir scheint, ich bin in einem Wellnesshotel gelandet, das lass ich mir gefallen.

„Austrinken kleiner Willy", sagt die Stimme, die mich festhält und schiebt mir diese Plastikzitze wieder in den Mund. Puh, ich kann nicht mehr, aber irgendwie fühlt sich ein voller Bauch richtig toll an. Vorsichtig werde ich hochgehoben und auf etwas Kaltes gesetzt.

„340 Gramm wiegst du momentan, dann sehen wir mal zu, dass du möglichst schnell was auf deine Rippen bekommst."

Die Hände legen mich zurück in den Transportkorb auf ein warmes kuscheliges Handtuch und das fühlt sich richtig herrlich an. Es ist ruhig, es gibt keine Geräusche, die mir Angst machen könnten.

Jetzt schlafe ich erst einmal und dann überlege ich mir, ob ich nicht ein Tagebuch schreiben soll, weil ich das dumpfe Gefühl habe, dass hier, wo ich gelandet bin, noch so einiges geschehen wird.

🐾 Personalentscheidungen

Nachdem ich eine Nacht mit Überlegen verbracht habe, bin ich zu dem Entschluss gekommen hier einzuziehen, auch wenn das noch niemand zur Kenntnis genommen hat. Die Menschen, die mich aufgenommen haben und ich momentan nur deren Stimmen kenne, scheinen sich als mein künftiges Personal einigermaßen zu eignen und ich werde sie ab jetzt Herrli und Frauli nennen.

Ja, ich weiß schon, normalerweise machen Hunde das, aber es klingt einfach blöd, sie Dosine und Dosierer oder Dosis zu nennen, weil ich eventuell nicht nur Dosenfutter, sondern vielleicht auch noch andere Leckereien bekomme oder Mäuse fangen kann. Irgendwie muss man sich schließlich von der Masse abheben, wenn man heutzutage was werden will.
Die Erziehung des Personals kann aus diesem Grund nicht früh genug beginnen, also fange ich gleich mal an und bestimme ab sofort als sanften Einstieg den an mich angepassten Tagesablauf.

Heute habe ich Herrli sagen hören *„Du Frauli, ich habe mal ein paar Fotos von Willy ins Internet gestellt, vielleicht will ihn jemand aus der Katzengruppe aufnehmen. Immerhin haben wir schon drei Katzen zu Hause und eine vierte? Na ja, ich weiß nicht ...“*

Wie, die wollen mich wieder loswerden? Ich glaube ernsthaft, Herrli hat einen Vogel. Ich geh nicht mehr weg, immerhin hab ich hier eine Schlafstelle und regelmäßig was zu Futtern. Der soll jetzt erst einmal eine Nacht drüber schlafen und dann sehen wir weiter. Ich werde es schon schaffen, mich bei ihm einzuschleimen und Frauli habe ich schon auf meiner Seite; das merke ich daran, wie sie über mich spricht.

Kaum bin ich eingeschlafen, merke ich, wie mein Transportkorb hochgehoben wird und ich nach kurzer Zeit wieder auf dem Behandlungstisch der Tierärztin sitze.

„So, wie geht's dem Kleinen heute?“, und schon bekomme ich wieder einen schmerzhaften Stich in meinen Rücken verpasst.

„Die Antibiotikaspritze ist bitter nötig, aber man sieht schon erste Fortschritte bei den Augenhöhlen. Vielleicht hat er doch Glück, dass er zumindest auf einem Auge irgendwann etwas sehen kann, aber da müssen wir noch mindestens eine Woche warten. Das Fell sieht auf jeden Fall schon mal besser aus als beim ersten Mal.“

Interessant ist das schon, wenn man von so vielen Händen festgehalten wird, aber meine Bewegungsfreiheit ist schon ziemlich eingeschränkt. Das passt mir weniger und ich fange langsam in den höchsten Tönen zu meckern an.

Zum Glück dauert der Besuch heut nicht so lange wie vor zwei Tagen. Kurze Zeit später werde ich wieder in den Korb gesetzt und es geht ab in mein neues Heim.

🐾 Es werde Licht!

Inzwischen sind einige Tage vergangen und ich habe die Zeit mit trinken, schlafen, trinken und schlafen verbracht. Das ist ja eigentlich ganz angenehm, aber was mich wirklich stört ist die Tatsache, dass ich zweimal täglich von meinem neuen Herrli bis auf meinen Kopf in ein Handtuch eingewickelt werde und mir Frauli da, wo meine Augen sein sollen, so komische Tropfen draufmacht. Das brennt fürchterlich und ich kann mich nicht wehren!

So jetzt zeige ich denen mal, wie sich meine Krallen und meine Zähne anfühlen; die brauchen nicht zu glauben, dass ich mir in meinem Alter alles gefallen lasse. Aber irgendwie hat Herrli immer mehr Kraft als ich und langsam lässt das Brennen auch kurze Zeit später wieder nach. Ich habe auf jeden Fall beschlossen, regelmäßig zu protestieren, vielleicht hilft das auf Dauer.

Handtücher sind meine künftigen Feinde und müssen getötet werden!

Aber was ist das? Ich kann plötzlich hell und dunkel unterscheiden! Da bewegt sich etwas vor mir! Na, das ist ja super, endlich muss ich mich nicht mehr nur auf meine Ohren und meine Nase verlassen, sondern ich kann schon ein wenig sehen, was um mich herum vorgeht. Es ist zwar alles sehr trüb und ich sehe nur Umrisse, aber das muss irgendwas mit diesen Augentropfen zu tun haben.

Mein Personal hat sich aber inzwischen was anderes ausgedacht, nämlich Augensalbe. Na, besser ist das auch nicht, das Zeug brennt genauso wie die Tropfen und ich verstehe einfach nicht, warum die mir das antun. Aber die werden schon wissen, was sie da mit mir machen.

Personal kann wirklich lästig sein, aber heute habe ich gehört, dass Frauli und Herrli beschlossen haben, mich endgültig zu behalten. Puh, da fällt mir ein großer Stein vom Herzen und eigentlich sind sie ja ganz nett, auch wenn Herrli manchmal einen Vogel hat und dummes Zeug redet.

Mein Plan ist aufgegangen: Ich werde ab sofort die Herrschaft im Haus übernehmen und alles was nicht niet- und nagelfest ist, geht in meinen Besitz über.

Was die Tanten betrifft, die werde ich im Laufe der Zeit schon in den Griff bekommen und irgendwann werden sie nur noch nach meiner Pfeife tanzen, soviel steht fest.

Mit jedem Tag, an dem ich diese komische Augensalbe unter heftigem Geschrei und Gegenwehr in Form von Kratzen und Beißen verabreicht bekomme, sehe ich mehr. Hell und Dunkel werden zu Umrissen und langsam zu Formen.

Ich habe aber Angst vor diesen großen senkrechten stampfenden Dingern, die die Menschen „Füße und Beine" nennen; da laufe ich lieber mal davon und such mir ein Versteck.

Links von der Küchenzeile gibt es ein schmales Loch, wo ich gerade noch so durch passe, da erwischen mich die Tanten nicht, geschweige denn mein Personal.

Wenn mir diese Beine doch zu nahe kommen sollten, werde ich auf jeden Fall kräftig zubeißen, schaden kann das bestimmt nicht.

🐾 Halb verdaut ist gut gekackt

Inzwischen bekomme ich nicht nur mein Fläschchen mit der köstlichen Milch, sondern auch etwas, was „Fleisch" heißt. Wow, da könnte ich mich glatt reinsetzen, so gut schmeckt das.

„Willy, du sollst nicht mit den Füßen ins Essen steigen! Das gehört sich nicht für eine manierliche Katze", höre ich da wieder einmal eine altbekannte Stimme, aber ich lass die immer alle reden und mach mein eigenes Ding.

Den ganzen Tag „Mach dies nicht und mach das nicht", das hält sowieso niemand auf Dauer aus, eine Katze schon gar nicht. Deswegen habe ich zu einer List gegriffen und den Milben im Ohr die Schuld gegeben, dass ich einfach nicht höre, was das Personal sagt. Schlau muss man sein.

Herrli und Frauli sollten dankbar sein, denn immerhin bin ich so nett und mache mein „Geschäft" brav in einen mit Sand gefüllten Behälter, den die Menschen „Katzenklo" nennen und über das angeblich schon gesungen wurde. Das ist schon komisch, weil es sonst doch immer „das stille Örtchen" genannt wird. Ich mach da lieber Krach und das Scharren mit meinen Pfoten darin ist wirklich ein tolles Vergnügen.

Ich schmunzle immer heimlich in mich hinein wenn ich Herrli sagen höre: „Jaja Willy, mach nur schön Sanddünen auf den Küchenboden, deine private Klofrau und gleichzeitig Mutti putzt das schon wieder weg."

Also Herrli ist da wirklich verständnisvoll, darum werde ich wahrscheinlich jeden Tag ein paar Dünen auf den Küchenboden machen, damit er auch wirklich weiß, dass er eine gute Putzfrau ist und weil er jedes Mal von einem Wüstenplaneten spricht, den er da zusammenkehrt.

Ich weiß allerdings nicht, was es bedeutet, wenn er dann meint, dass er im Sand kein „*Spice*" gefunden hat, sondern eher was ganz anderes.

Richtig sehen kann ich das Klo zwar noch nicht ganz, aber ich gehe meistens dem Geruch nach, weil es da so frisch riecht, bevor ich es benutzt habe.

Ich würde gerne mal mit Tante Molly spielen, aber irgendwie interessiert sich die nicht so recht für mich wenn sie zu Hause ist. Vielleicht  liegt es daran, dass sie ein Einzelkind war und sie als Katzenkind keine Geschwister hatte, wie sie mir vor Kurzem erzählt hat.

Tante Salsa faucht nur, wenn sie mich sieht und ist mit ihrer Schönheit beschäftigt und Tante Lola knurrt und hat ständig Hunger. Was sie nicht wissen, ist die Tatsache, dass auch ich ständig Hunger habe und ich mir in Zukunft nichts mehr von ihnen gefallen lasse, wenn es ums Essen geht.

Je mehr ich sehen kann, desto mehr laufe ich zielsicher durch alle Räume um Näpfe zu finden, kann schon wunderbar die Treppe rauf und runter laufen und springe jetzt auch todesmutig von der Couch auf den Teppichboden. Überhaupt: Springen und blödeln machen Spaß und das Personal hat dann die Eigenart, dass es entweder lacht oder in irgendwelche Flüche ausbricht. Das verstehe ich überhaupt nicht.

🐾 Spaß mit dem Personal

Wecken um 5:20 Uhr mit heftigen Bock-
sprüngen auf der Spielwiese des Personals
(die nennen das Bett, so ein Blödsinn) mit
finalem Biss in Fraulis Zeh. Warum schreit
sie gerade so? Vielleicht hat das damit zu
tun, dass nach meinem Biss rote Farbe an
ihrem Zeh hinunterläuft.
Das war einfach die Rache für gestern
Abend, als ich wieder in das Handtuch eingewickelt wurde und es die Augensalbe unter
energischem Protest gab.

Nachdem sich das Personal 20 Minuten später in die Küche bequemt, gibt es erst mal ein
ordentliches Frühstück; natürlich bediene ich
mich auch bei dem von meinen Tanten. Die
sind schon groß, ich muss noch wachsen und
zu Kräften kommen, also steht Futter in jeg-
licher Form alleinigst mir zu. Wenn mein
Napf leer ist, brauche ich nur zu deren Näpfen zu gehen und leise knurren, dann bekommen sie Angst und laufen weg, obwohl
sie so viel größer sind als ich. Aber ich bin
mutiger!

Und jetzt kommen die schon wieder mit dieser verfluchten Tube, deren Inhalt so wahnsinnig in den Augen brennt.

Na gut, ab ins Bad und jede Menge Handtücher töten. Die hängen immer so bedrohlich von oben runter und warten regelrecht darauf, von mir in die Mangel genommen zu werden. Also kräftig darin verbeißen und nach unten ziehen, bis sie tot auf dem Boden liegen, weil da kann man ihnen ordentlich den Rest geben.

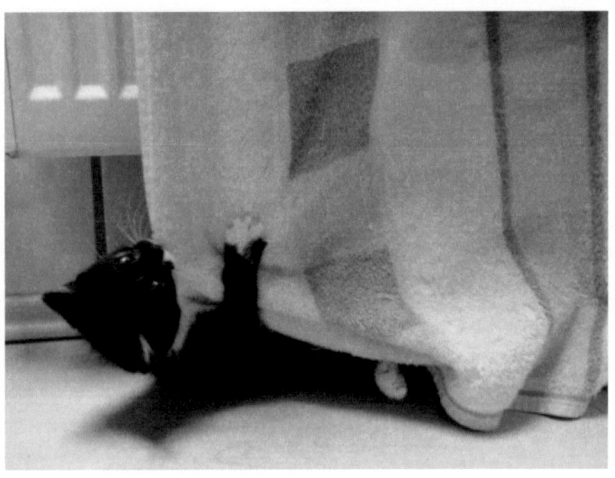

Wenn Frauli und Herrli auch im Bad sind passiert es schon mal, dass ein Handtuch wieder zum Leben erweckt wird und über mir hängt, aber mittlerweile habe ich eine gut funktionierende Technik entwickelt sie restlos zu töten, indem ich mit meinen Krallen einen Haufen Fäden aus ihnen ziehe.

Meinem Personal gefällt das gar nicht, weil sie dann regelmäßig über mich meckern und sie beerdigen dann die Handtücher ganz schnell im Wäschekorbmausoleum. Kurz darauf erscheinen aber wieder neue Handtücher, die ich ganz schnell töten muss, bevor es zu viele werden. Eine derart unkontrollierte Handtuchvermehrung kann ich nun wirklich nicht zulassen.

Inzwischen habe ich entdeckt, dass man aus dem Teppich im Wohnzimmer auch recht gut verschiedene Fäden ziehen kann. Wie üblich schreien wieder alle fürchterlich herum wenn ich das mache; aber auch Teppiche müssen genauso wie Handtücher und Hausschuhe getötet werden.

🐾 Neue Freunde

Heute ist scheinbar ein besonderer Tag, weil auf einmal ganz viele Leute zu Besuch kommen.

„Schau mal Willy, das sind Nadja und Stefan, die sind von ganz weit her gekommen und über 600 Kilometer gefahren, weil sie einen Kater vom Bauernhof holen und mit zu sich und ihren vier Katzen nehmen. Außerdem ist unsere Freundin Viktoria zu Besuch, sie hat vier Katzen zu Hause und wollte dich auch besuchen, also benimm dich."

Einen Kater mitnehmen? Mich?
Hilfe, ich will hier nicht mehr weg!

Aber Entwarnung: Ich habe erfahren, dass sie den kleinen Jerry zu sich holen, der vorher auf einem Bauernhof hier im Ort gewohnt 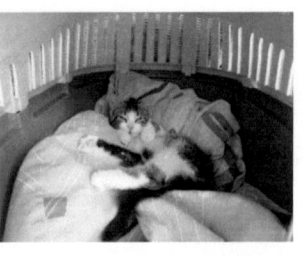 hat und ich weiß jetzt endlich, wer mein Privatklo geklaut hat das jetzt nicht mehr in der Küche steht.

Jerry hat nämlich ohne mein Wissen und ohne meine Genehmigung im Gartenhaus des Personals gewohnt und die haben ihm mein ganz eigenes privates Klo zur Verfügung gestellt.

Na gut, die Tanten haben ja auch eine Toilette im ersten Stock und auch wenn sie noch nichts von ihrem Glück wissen, die gehört deswegen ab sofort mir. Der andere Kater geht schließlich heute auf die große Reise mit seinem neuen Personal und bekommt dort seine eigene Toilette.

Gesehen hätte ich den Jerry schon gerne, aber Frauli und Herrli meinen, ich darf nicht raus, weil ich noch so klein bin und nicht richtig sehen kann. Eigentlich ist das gemein, die sind alle bei herrlichem Wetter im Garten und haben ihren Spaß und ich muss im Haus bleiben.

Auf jeden Fall war das fürchterlich aufregend, so viele neue Gesichter und alle sind so unglaublich nett.

Alle haben sie gesagt, wie süß und wie hübsch ich doch bin; ich wurde die ganze Zeit gekrault und gestreichelt. Niemand ist dabei, der mich in ein Handtuch einwickelt und mir Augensalbe gegen meinen Willen verpasst, sondern mich nach Herzenslust verwöhnt.

Vielleicht sollte ich doch mitfahren und Jerry Gesellschaft leisten oder die Katzen von Viktoria besuchen. Eventuell sind die netter zu mir und fauchen und knurren mich nicht den ganzen Tag an, so wie die Tanten das ständig machen.

So ein paar Tage Urlaub wären vielleicht nicht schlecht, weil ich Viktoria schon flüstern gehört habe, dass sie mich klauen will, weil ich angeblich so süß bin.

Sie hat das auch zu Herrli und Frauli gesagt und die lachten dann und sagten scherzhaft, dass sie das gerne machen kann, wenn sie scharf auf tägliche blutige Hände und Waden ist. Sie sollte sich auf jeden Fall schon mal eine große Flasche Desinfektionsmittel und eine Großpackung Verbandszeug besorgen.

Nach der Abreise von Jerry stand mein Privatklo wie durch Zauberhand wieder in der Küche. Das finde ich richtig gut, jetzt habe ich zwei Klos, in denen ich nach Herzenslust neue Wüstenplaneten gestalten kann.

🐾 Mit der linken Pfote aufstehen

5:30 Uhr, jetzt habe ich doch glatt den Wecker des Personals verpennt.

Na gut, ich werde erst mal nach dem Frühstück sehen und dann überlegen, wie ich am besten Blödsinn machen kann.  Also runter in die Küche aber das geht nun wirklich zu weit: Tante Lola sitzt in meinem privaten Klo und knurrt mich an.

„Isch möschtö meinö Futtör nischt mit diesö kleinö schwarzö Teuföl teilöön", grummelt sie und unter Gefauche verlässt sie empört die Küche.

Weil es noch nicht genug ist kommt als Krönung das Personal mit dieser verhassten Augensalbe und wickelt mich wieder in dieses ebenfalls verhasste Handtuch ein. Das ist so frustrierend, als Ausgleich werde ich jetzt ins Bad gehen und mindestens eins von diesen widerlichen Handtüchern töten, obwohl das Herrli und Frauli immer so lustig finden und sie ganz viel darüber lachen. Weniger Gelächter gibt es dann, wenn ich auf dem Klo war und wieder hübsche Sanddünen auf den Boden mache.

Herrli sagt dann jedes Mal entnervt *„Jaja. Deine persönliche Klofrau und Mutti ist schon da, macht die ganze Sauerei wieder weg und sucht das Spice. Außerdem stinkst du wie fünf erwachsene Katzen wenn du auf dem Klo warst, das ist ja kaum auszuhalten!"*

Also ich finde meine Sanddünen wunderschön und richtig stinken kann Herrli im Übrigen auch recht gut.

Mein linkes Auge ist inzwischen schön verheilt und ich kann schon ganz gut damit sehen; auf der rechten Seite ist aber alles noch ziemlich trüb. Das macht nichts, mit der halben Sehkraft schaffe ich es trotzdem locker, zielsicher in den großen Zeh von Frauli zu beißen.

Komisch, dass sie immer so schreit und dann zu Herrli sagt, er soll doch mal schnell was zum Blut stillen holen. Ach, die beruhigen sich schon wieder, das sind doch nur meine Milchzähne.

🐾 Morgenstund hat Miez im Bett

Ich habe gelernt, die Uhr zu lesen und das kann ich natürlich für meine Zwecke nutzen.

5:06 Uhr ist doch die ideale Zeit, das Personal zu wecken. Die haben sich nämlich etwas Neues für mich ausgedacht, eine Hüpfburg. Die ist ungefähr 1,80 Meter breit und 2 Meter lang, wunderschön ausgepolstert und nur für mich alleine zur persönlichen Nutzung gedacht. Die sagen ja Bett dazu, aber das kann nicht stimmen, weil ein Bett ist höchstens einen halben Meter groß und rund. Ich weiß es weil ich da nachts immer drin liege.

 Was mich allerdings stört, ist die Tatsache, dass das Personal frühmorgens in meiner Hüpfburg liegt und sich tot stellt. Also muss ich sie irgendwie dazu bringen aufzustehen, damit ich mehr Platz für meine Bocksprünge habe.

Na, dann los, ein kräftiger Satz vom Fußende in das Gesicht von Frauli, die im nächsten Moment mit ihrem Hinterkopf und einem lauten Schrei in das Gesicht von Herrli donnert. Dieses ständige Geschrei und Gejammer kann einem schon ziemlich auf die Nerven gehen, Personal ist heutzutage wirklich sehr empfindlich.

Auf jeden Fall habe ich jetzt Platz zum Toben, weil Herrli und Frauli aufgestanden sind und ich meinen Spielplatz für mich alleine habe.

Der Hunger treibt mich in die Küche, wo die Tanten schon warten. Ja, Essen ist doch was Schönes und besonders das, was die Tanten in ihren Näpfen haben.

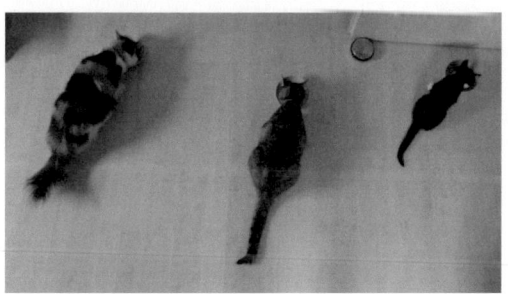

Nachdem Molly, Salsa und Lola schon ent-nervt nach draußen gegangen sind, darf man das gute Futter schließlich nicht schlecht werden lassen und Herrli sagt sowieso immer *„Der Kleine muss noch wachsen"*. Und wachsen kann ich: Ich habe in zwei Wochen über 300 Gramm zugenommen, das soll mir erst einmal jemand nachmachen.

Warum sind jetzt die Tanten alle angesäuert nach draußen gegangen? Nur, weil ich ein wenig an deren Futter genascht habe? Das macht nichts, ich bin satt und muss erst ein-mal einen schönen langen Verdauungsschlaf machen.

Wenn mein Personal müde wird, könnte ich die Spielzeugkiste ausräumen, da sind so lustige Bälle mit Glöckchen drin, die hübsche Geräusche machen, wenn man sie quer über den Boden schubst und dann die Treppe runterfallen lässt. Wenn es Nacht wird, bin ich sowieso brav und gehe meistens freiwillig in mein Bettchen. Meistens deswegen, weil vorher muss ich natürlich in meiner Hüpfburg testen, ob sich das Personal wieder tot stellt.

Fast immer sind sie aber so richtig gemein und werfen mich aus meinem Spielplatz. Der Rauswurf dauert etwa zehn Sekunden und dann habe ich meine Hüpfburg wieder zurückerobert und das Spiel geht von vorne los, bis ich richtig müde bin und ich mich in mein Bettchen verkrümele, um schnurrend an dessen Waschetikett zu nuckeln. Mit dieser Methode kann ich richtig schnell einschlafen, um gestärkt den nächsten Tag zu beginnen.

5:30 Uhr: Zeit das Personal zu wecken, heute mit einer ganz perfiden Methode.

Nachdem ich in meiner Hüpfburg Bockspringen geübt habe, weil das Personal da nichts drin zu suchen hat, krieche ich still und leise unter die Bettdecke und beiße Frauli kräftig in den Zeh. Ja, vorbei ist es mit der Nachtruhe, obwohl der Wecker erst eine Stunde später geklingelt hätte.

Warum schreien die Menschen ständig so?
Na gut, erst mal die Flucht ergreifen und am Boden mit meinem Glöckchenball spielen, das macht so lustige Geräusche am Morgen.
Nachdem sich die erste Aufregung gelegt hat und das Personal versucht, noch fünf Minuten zu schlafen, üben wir gleich nochmal die Disziplin "*ins Gesicht von Frauli springen*"; aber heute klappt das wegen der Abwehrmaßnahmen nicht ganz so gut wie gestern.

Am nächsten Morgen aufstehen, bevor der Wecker klingelt. 5:00 Uhr ist immer eine gute Zeit, um in meiner Hüpfburg zu toben, dass die Federn rauschen und die Lattenroste knarzen.

🐾 Wochenende

Irgendwas faseln Frauli und Herrli von jemandem der „*Wochenende*" oder so heißt, den kenne ich aber nicht. Und so wie sie meckern scheint der nicht nett zu sein, weil sie ständig sagen „*Ausgerechnet am Wochenende muss das sein*", deshalb habe ich beschlossen, „*Wochenende*" abzuschaffen. Ich glaube, das ist eine gute Idee und sie werden mir bestimmt dafür sehr dankbar sein, wenn sich dieses Wochenende nicht mehr blicken lässt.

Mit einem kräftigen Satz wie üblich in das Gesicht von Frauli springen, weil sie noch nicht richtig wach ist, macht mir richtig Freude und ist der passende Anfang.

Sie fängt dann an zu jubeln und springt aus meiner Hüpfburg, um die blutigen Kratzer knapp neben ihrem Auge mit Alkohol zu behandeln. Meistens geht sie dann gleich ohne meine weitere Aufforderung in die Küche, weil meine Tanten schon mit lautem und durchdringendem Gesang am Morgen darauf hinweisen, dass sie seit mindestens drei Tagen nichts zu essen bekommen haben.

Frühstück! Das eigene Futter? Pah, das von den Tanten schmeckt viel besser; also drauf mit Gebrüll und das Gemaule von denen habe ich jetzt glatt überhört. Außerdem ist Tante Molly furchtbar heikel und lässt meistens das Essen stehen, das darf man selbstverständlich nicht alt werden lassen, weil das pure Verschwendung wäre.

Tante Molly muss auch meistens gleich frühmorgens aus dem Haus, weil sie am liebsten ihr Naturklo benutzt. Sie hat mir erzählt, dass es riesengroß ist und man jede Menge Platz zum Scharren hat. Leider hat mir mein Personal verboten, dieses Naturklo anzusehen, sie meinten nur *„Da musst du noch ein wenig warten, bis du raus darfst"*.

Vielleicht sollte ich lernen, wie man Türen öffnet?

Oh Mist, jetzt kommt das Personal schon wieder mit dieser vermaledeiten Augensalbe und das Einwickeln ins Handtuch mag ich gar nicht. Also schreien, knurren und wehren, was das Zeug hergibt. Nützt nix, jeden Tag kommt die Salbe drauf!

Bei der Gelegenheit werden gleich mal meine Hinterbeine unter den Wasserhahn gehalten, weil ich im privaten Katzenklo nach dem großen Geschäft eine Runde Charleston aufs Parkett gelegt und entsprechende Spuren im ganzen Haus hinterlassen habe.

„Willy, du bist keine Katze, sondern ein Schmutzbär und wer so stinkt und schmutzig ist, wird gewaschen!"

Die haben immer noch nicht kapiert, dass ich mich selbst waschen kann und zwar wenn ich das für richtig halte.

Aus Protest habe ich mich der „Occupy Körbchen" -Bewegung angeschlossen und recht frech die Schlafstätte von Molly im Bad besetzt, die jetzt gar nicht mehr weiß, wohin sie sich bei zu viel Generve zurück-ziehen soll.

Ansonsten das Übliche am Morgen: Salsa rein ins Haus, Lola raus aus dem Haus, Mol-ly kann sich nicht entscheiden, wohin sie ei-gentlich will und ich muss sowieso zu Hause bleiben.

🐻 Pack die Badehose ein

Menschen sind manchmal seltsam, sie brauchen ein Badezimmer, um sich zu reinigen.
Bei mir geht das ganz einfach, ich setz mich irgendwo hin, lecke mich von vorne bis hinten ab und schon ist die Wäsche erledigt.

Bei meinem Personal ist das lustig und ich muss immer zusehen was die da im Bad machen. Die machen sich doch glatt mit dem von oben bis unten nass, was ich immer trinke, wenn ich Durst habe.

Wenn sie fertig sind, nehmen sie die Handtücher die ich getötet habe und reiben sich damit ab. Ob die Menschen auch wirklich trocken sind, werde ich gleich mal testen und fahre mit meinen Krallen an Fraulis Wade entlang, bis es richtig schön blutet, sie wieder so herrlich schreit und sich anschließend das Blut abwischt.

Nachdem ich also den ordnungsgemäßen Zustand der Haut überprüft habe, geht es jetzt den Mount Wäschekorb hoch und über den schmalen Heizungsgrat rüber ins Badewannental, das weiß und tief verschneit ist. *„Willy, wir haben Sommer und wir wohnen nicht am Nordpol, die Wanne sieht immer so aus"*, lacht mein Personal.

Da steht Tante Molly unter so einem silbernen Ding und schlabbert das Plätschertröpfel was da oben rauskommt. Ist das gefährlich? Lieber mal einen halben Meter Sicherheitsabstand, wenn es wieder Geräusche macht und vom Boden schlabbern, wenn es aufhört. Aha, das ist auch Wasser aber an meinen Füßen mag ich das gar nicht.

🐾 Spiele ohne Grenzen

Der nächste Tag 4:15 Uhr, wieder diese komischen Klingelgeräusche, mein Personal sagt Wecker dazu. Also heute ist das für mich eindeutig zu früh, weil ich gestern so viel geblödelt habe und ich brauche 20 Minuten, um auf Touren zu kommen und die Hüpfburg ausgiebig zu testen.

Frühstück! Wer muss als Erster seinen Napf bekommen? Ich natürlich, weil ich sonst zur Bestie werde! Tante Lola und Tante Molly futtern friedlich mit, Tante Salsa kommt mit der üblichen Verspätung weil sie so schön ist und speist auf dem Fensterbrett. Mit dem gewöhnlichen Fußvolk will sie als vermeintliche Adelige nichts zu tun haben.

Fertig mit futtern? Na, dann Tür auf und nix wie raus, die Tanten jedenfalls, weil die schon erwachsen sind. Ich nehme mir inzwischen eine Schuhschachtel vor und zerfleddere das darin enthaltene Einwickelpapier.

Das knistert so herrlich, wenn man es in seine Einzelteile zerrupft und im halben Wohnzimmer verteilt und es sieht auch gleich viel
wohnlicher aus. Das Ganze noch ein wenig
mit Bällen und Stoffmäusen garnieren und
schon hat man ein recht ordentlich dekorier-
tes Wohnzimmer.

Nachdem nun mein Personal wach und mit
Reinigen und Zusammenräumen beschäftigt
ist, kann ich erst mal eine Runde auf dem
noch zu tötenden Teppich schlafen und überlegen wie ich weiter blödeln könnte.

Rache! Nur weil ich nachts um halb eins ohne Unterlass in meiner privaten Hüpfburg getobt und als Krönung meine Krallen liebevoll, aber deutlich in Herrlis Zehen gehackt habe, wird man rausgeworfen?

Wieso braucht Personal Schlaf? Ein Herrli kann doch gar nicht todmüde sein! Als schreckliche Konsequenz haben die ohne meine Genehmigung die Schlafzimmertür geschlossen und das Körbchen von Molly im Bad musste als Schlafstätte für mich herhalten.

Oh, wie langweilig, es ist niemand zum Ärgern da, denn Tante Molly durfte im Schlafzimmer bleiben und die beiden anderen Tanten sind auf dem unerreichbar hohen Schrank im Wohnzimmer; ach ist das öde. Vielleicht sollte ich ein wenig das Wohnzimmer „aufräumen"?

So ein Schlafzimmerverbot kann Wunder bewirken. Ich habe mich fast den ganzen Tag ziemlich anständig benommen und als Belohnung gab es abends frisch gegrilltes Hühnchen.

Leider hatte mein Personal die Kamera nicht griffbereit, weil jedes Fetzelchen Huhn von mir mit einem wohlwollenden Knurren verspeist wurde und die haben die ganze Zeit dabei gelacht.

Ich glaube Huhn ist zukünftig mein Lieblingsgericht, obwohl mir meine Tanten erzählt haben, dass warme Maus und frischer Vogel köstlicher als alles andere sein sollen.

Die Menschen sind manchmal wirklich komisch: Entweder lachen sie, wenn ich durch die Gegend tobe, mit Bällen spiele oder Spaß mit meinen Tanten habe oder sie schreien ganz fürchterlich, wenn ich sie zärtlich mit meinen Krallen und Zähnen verwöhne und so störende Sachen wie Handys und Kameras vom Tisch fege, um mehr Platz zu haben.

🐾 Der Napf ist nicht genug

Ein neuer Morgen bricht an und der geht gut los; ich bekomme keine Augensalbe, sondern Herrli steckt mir so ein langes weißes Ding in den Mund.

„Heute gibt es zur Abwechslung mal eine Wurmkur, kleiner Mann", und er drückt auf das Ende von diesem Ding kurz drauf.

Bekomme ich jetzt dieses *„Spice"*? Pfui Teufel, das schmeckt ja grauenhaft, bäh! *„Keine Sorge, das bekommst du nur alle zwei Wochen"*, ist allerdings ein schwacher Trost und als Konsequenz müssen Tante Molly und Tante Lola geärgert werden, bis sie entnervt nach draußen verschwinden. Hübscher Nebeneffekt: Es ist noch Frühstück übrig.

Tante Salsa liegt wie üblich um diese Zeit im Koma, außerdem gibt es eine weitere Programmänderung meinerseits: Hausschuhe werden ab sofort nicht mehr getötet, sondern bewacht, weil sie ab und zu nach alten und getragenen Socken riechen, das mag ich doch so gern.

 Heute Abend war es auch ganz lustig, ich habe meinem Personal mitgeteilt, dass sie gefälligst schlafen sollen wenn ich schon mal freiwillig ins Körbchen gehe.

Also habe ich im Schlafzimmer den Fernseher mit der Fernbedienung abgeschaltet und die Tür geschlossen, ein Satz kräftiger Vorderpfoten genügt für derartige Aktionen.

Warum lacht das Personal jetzt im Dunkeln? Dafür kann ich jetzt beruhigt in mein Körbchen gehen und mich in den Schlaf nuckeln.

🐾 Ausschlafen?

Das Personal kann (könnte) ausschlafen, aber:

🐾 4:00 Uhr:
Bodenturnen mit anschließendem Völkerbällchen.

🐾 5:30 Uhr:
Eröffnung der Hüpfburg und Töten der Bettwäsche.

🐾 6:00 Uhr:
Rauswurf aus dem Schlafzimmer, dafür wird die Küche in ein Schlachtfeld verwandelt, wie um 8:00 Uhr festgestellt wird.

🐾 9:15 Uhr:
Wöchentliches Wiegen mit dem Ergebnis, dass ich inzwischen 1,3 Kilo wiege.

🐾 9:30 Uhr:
Hektischer Transport eines Haargummis zwischen Wohnzimmer und Küche und Wohnzimmer und Küche und Wohnzimmer und Küche und ...

Warum guckt mein Personal eigentlich so müde?

Heute ist auch der Morgen der Wunder: Frühstück mit Tante Molly und Tante Lola ohne das übliche Gezicke und Geknurre. Tante Salsa liegt frühmorgens grundsätzlich noch im Koma.

Was? Nur Antibiotika? Keine Augensalbe? Endlich hört das Drama mit dem „*Ins-Handtuch-eingewickelt-werden*" auf und ich kann ganz entspannt ein wenig Bettwäsche töten.

🐾 Geschenke, Geschenke!

Heute Abend habe ich Post bekommen, das war vielleicht aufregend!

Wieso ich Post bekomme? Ganz einfach: Herrli und Frauli laufen ständig mit so einem Ding in der Hand herum, das ganz leise „klick" macht wenn sie da einen Knopf drücken und ab und zu wird es dann auch für einen Augenblick ganz furchtbar hell. Die Menschen sagen Kamera dazu und das, was sie da machen, heißt fotografieren.

Sie nehmen dann die Fotos und schicken sie in einen Kasten, den sie „Internet" oder so nennen. Da sehen mich dann ganz viele andere Menschen, die auch Katzen haben oder denen Katzen gefallen oder die einfach nur Fotos sehen wollen.

Es sieht fast so aus, als ob ich da recht gut ankomme und mich viele Menschen mögen, weil ich inzwischen schon drei Päckchen von einer Jutta, einer Jenny und einer Jasmin bekommen habe.

Ich scheine also schon mal sehr gut bei Menschen Eindruck zu machen, bei denen der Name mit einem „J" beginnt. Alle wohnen zwar ziemlich weit weg von hier, aber sie haben mir mitgeteilt, dass sie mich eines Tages besuchen wollen.

In den Päckchen waren ganz tolle Sachen für mich, Leckerlis, ein rotes Herz, das richtig schön nach alten getragenen Socken geduftet hat und Juttas Rascheltunnel. Außerdem waren in den Schachteln noch einige Futterdosen drin. Die waren aber nicht für mich, sondern für die Katzen vom Bauernhof, auf dem ich gefunden wurde.

Meine Tanten haben auch Geschenke bekommen, das waren so kleine Kissen, die auch nach alten getragenen Socken geduftet haben. Die Menschen nennen das Baldrian und rümpfen die Nase, aber ich und die Tanten sind richtig süchtig nach dem Zeug. Wir haben dann alle mit unseren Kissen gespielt, uns auf dem Boden damit rumgewälzt, rein gesabbert und irgendwann habe ich dann alles so schön bunt und in Watte eingepackt gesehen; das war ein seltsames aber herrliches Gefühl.

Herrli hat alles fotografiert und Frauli hatte auf einmal auch eine Kamera in der Hand und filmte uns, dabei kicherte sie:

„Jetzt sind unsere Miezen total stoned, wir haben eine Horde Drogensüchtiger daheim."

Und dann haben sie alle fürchterlich gelacht, wir übrigens auch. Das war die erste richtige Party in meinem Leben und daran könnte ich mich glatt gewöhnen.

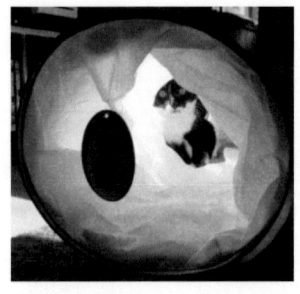 Ich bin dann vor lauter Freude (mein Personal sagt im Drogenrausch) über meinen Rascheltunnel hergefallen und habe dabei vergessen, dass ich pinkeln mussted te. Das war mir wirklich peinlich, weil der ganze Tunnel eher wie ein kleiner Bergsee ausgesehen und mein Personal mich ausgelacht hat.

Ich habe mir zwar vorgenommen, dass mir das nicht mehr passiert, aber nach zwei Tagen um genau 6:01 Uhr und einer Nase Baldrian musste mein Tunnel wieder gewaschen und in der Sonne getrocknet werden.

Kommentar meines Personals: *„Das kommt davon, wenn man sich schon am frühen Morgen den ersten Trip einwirft."*

Heute habe ich meinen Weckdienst erst um 7:00 Uhr begonnen, weil Sonntag ist und ich noch die Nachwirkungen von diesem Baldrian spüre. Dafür sind zur Abwechslung mal die Tanten mit Ärgern dran, Lola faucht schon den ganzen Morgen und Molly und Salsa haben die Flucht nach draußen ergriffen.

Tante Molly kommt immer als Erste zurück und zieht mit ihrer Pfote an der Fliegengittertür, damit unser Personal sie sofort hereinlässt.

 Meine bergsteigerischen Fähigkeiten entwickeln sich auch schon prächtig; ich kann jetzt über den Monte Küchenstuhl das Esstischgipfelplateau erreichen und es mir im Valle le Obstkorb gemütlich machen. Dabei habe ich auch ein neues Spiel entdeckt das mir richtig Spaß macht, es nennt sich „Küchentisch rauf, Küchentisch runter" und geht so:

Ich klettere auf den Tisch, mein Personal brüllt *„Runter, aber sofort!“*, packt mich und setzt mich auf den Boden und ich klettere wieder hoch. Das wird erst langweilig wenn ich das 20 bis 30 Mal gemacht habe oder mir das Geschrei der Zweibeiner auf die Nerven geht und ich dann lieber ins Wohnzimmer spaziere, um aus dem Teppich Schnüre zu ziehen.

🐾 Kriminaltango

Das Personal kann ausschlafen.
Das Personal kann nicht ausschlafen!
7:15 Uhr:
Ein Rumms im Treppenhaus, Stille ...

Frauli springt wie von der Tarantel gestochen aus dem Bett, um nachzusehen, was passiert ist und fordert kurz darauf lautstark Herrli auf, auch wie von der Tarantel gestochen, aus dem Bett zu springen. Herrli liegt aber ähnlich wie Tante Salsa um diese Zeit im Koma und schleppt sich deswegen murrend auf allen vieren nach unten.

 Ein Verbrechen muss geschehen sein; Auf dem Fliesenboden befinden sich drei Blutstropfen, die in Richtung Wohnzimmer weisen. Wer wollte da wen umbringen und von der Treppe stürzen? Herrli holt erst mal eine Küchenrolle, beseitigt Spuren, anstatt sie zu sichern, schleppt sich grummelnd auf allen vieren zurück ins Bett und murmelt noch:

„Den Wüstenplaneten in der Küche macht Mutti später weg, ich bin noch im Koma."

Wie sich herausstellt, habe ich am Kinn eine leichte Blessur, ich kann mich aber beim besten Willen nicht daran erinnern was passiert ist. Ich weiß nur, dass ich kurz zuvor mit meinem Baldrianherz gespielt habe und dann hatte ich wahrscheinlich einen Filmriss. Außerdem erinnere ich mich an ein paar weiße Pfoten vor mir, das waren entweder die von Tante Molly, Tante Salsa oder vielleicht doch meine eigenen?

Vielleicht sollten wir den Dorfpolizisten Caruso einschalten. Immerhin kennt der fast alle Leute aus dem Ort, weil er sich schon überall eingenistet hat.

Eigentlich ist er ja von Beruf Ariensänger. Aber seitdem er aus seiner alten Heimat bei der Tierärztin wegen eines Hundes weggezogen ist, streunert er in der Gegend herum und kennt die Garagen, Ställe und Sofas von vielen Dorfbewohnern.

So ein weitgereister Kater könnte vielleicht zur Aufklärung der unheimlichen Tat mithelfen. Aber wie es immer so ist, genau an diesem Morgen ist Caruso wieder einmal unauffindbar. Vermutlich steht er gerade vor einer anderen Tür und schmettert eine italienische Arie namens *„O sole miau"*, weil er ständig Hunger hat.

Tja, das war's dann wohl mit Ausschlafen für die Zweibeiner, aber meiner Meinung nach haben die schon genug geschlafen.

Ich höre Frauli sagen

„Jetzt müssen wir nur noch klären, ob die frühe Tat ein feiger Mordanschlag von den Tanten oder doch nur die Blödelei eines halbwüchsigen kleinen Teufels war"

und Herrli meint *„Der hat einfach zu viel frühmorgens geblödelt"*, bevor ich mich in mein Körbchen zurückziehe und eine Runde schlafe.

Was wirklich geschehen ist, wird wohl niemand erfahren, weil mein Personal ein bisschen dumm ist und meine Sprache nicht versteht. Die haben zwar im Schrank ein Wörterbuch *„Katze-Deutsch, Deutsch-Katze"*, aber ich glaube nicht wirklich, dass sie ernsthaft kapieren, was ich ihnen miaue.

Zu allem Überfluss liegen sie auch wieder in meiner privaten Hüpfburg und stellen sich tot.

Ist das jetzt ein weiterer Kriminalfall oder sind die einfach nur müde? Ich werde mal nachsehen, ob sie noch leben und sie ganz sanft in die Zehen oder ins Ohrläppchen beißen.

🐾 Farbenstreiche

Was ist denn heute schon wieder los? Herrli hat fast die ganze Küche ausgeräumt und einen großen Eimer mitgebracht, in dem so weiß gefärbtes Wasser schwimmt. Immer wenn ich wissen will wie das Wasser schmeckt sagt er aber zu mir: *„Willy, geh weg von der Wandfarbe, das ist nichts für dich!"* Das ist so gemein, ich wollte doch nur probieren aber er lässt mich einfach nicht.

Neben dem Eimer liegt ein Holzstück, an dem lauter Schnurrhaare angebracht sind und ein rundes pelziges Tier, das aussieht wie eine kleine Tonne. Ich glaube aber das Tier ist tot, weil es sich nicht bewegt, wenn ich es berühre.

„Willy, das ist ein Pinsel und ein Farbroller, weg mit deinen Pfoten bevor du die ganze Farbe dran hast, die sind weiß genug."

Jetzt taucht er dieses pelzige Tonnentier in die Wandfarbe und ertränkt es regelrecht darin. Oh, da muss ich schon mal nachsehen, ob da alles mit rechten Dingen zugeht und schaue am besten meinem Ernährer den ganzen Tag beim Streichen zu. Ich glaube aber es ist viel interessanter, wenn ich tatkräftig mithelfe, das wird bestimmt lustig.

„Willy, geh weg von der Wand, du hast sonst die ganze Farbe im Fell und auf den Pfoten und ich kann dich dann wieder sauber machen!"

Ich glaube, Herrli sieht das völlig falsch, ich will nur dass die Küche etwas schöner und nicht so langweilig aussieht. Viel kreativer ist es doch, wenn ich auf kunstvolle Art und Weise den Boden mit Pfotenabdrücken verziere und im Ernst: Wer hat schon einen derart kunstvollen Küchenboden? Einfarbig Ahorn ist doch auf Dauer wirklich langweilig und außerdem hat meine Kunst den Nebeneffekt, dass man nicht jeden Krümel vom letzten Frühstück sieht.

Zugegeben, ein paar Mal bin ich über Kreuz gelaufen und habe etwas zu viel Muster aufgebracht aber Herrli ist sowieso ständig mit einem nassen Lappen unterwegs und vernichtet meine mühsam erstellten Kunstwerke. Irgendwann schaffe ich es aber schon, einen im wahrsten Sinne des Wortes bleibenden Eindruck zu hinterlassen.

Ich habe dann auch die Couch im Wohnzimmer mit einigen meiner Autogramme dekoriert, aber das hat Herrli gar nicht gefallen und sein einziger Kommentar war „*Nur gut, dass die Farbe wasserlöslich ist, wenn man es gleich bemerkt*", und dabei hat er furchtbar geschwitzt.

Ach ja, was das Schwitzen betrifft, das gefällt mir. Die Menschen riechen dann immer so interessant unter ihren Achseln und ich könnte stundenlang daran schnüffeln. Das hat mir Tante Molly beigebracht, allerdings riecht sie am liebsten etwas, was Parfüm heißt.

Sie hat mir erzählt, wenn Herrli ab und zu nach Hause kommt und am Hals so wahnsinnig interessant riecht, dass sie ihm dann alles abschlecken muss.

Er sagt dann immer zu ihr: „*Molly, ich habe mir extra im Drogeriemarkt das teuerste Parfüm für dich an den Hals gesprüht, damit du was zu schlabbern hast.*"

Ich würde ja auch gern mal daran riechen aber er nimmt mich nicht so hoch wie Tante Molly, weil ich angeblich gleich kratze und beiße und ihm schon zwei Mal eine Verzierung in die Oberlippe gemacht habe. Die verstehen das einfach falsch, ich überlege ja nur, ob ich als Tätowierer geeignet wäre, immerhin habe ich Frauli auf der Nase und an den Waden und Herrli auf der Oberlippe und am Ohr schon so wunderbare Tattoos geritzt.

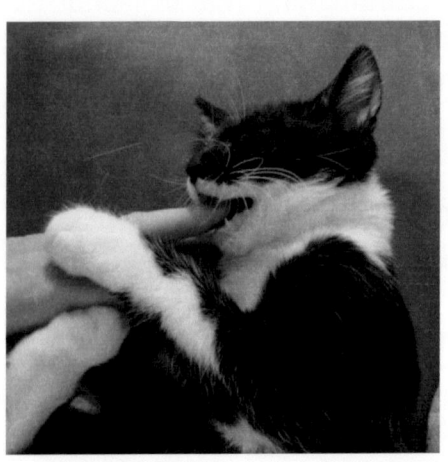

🐾 Morgengymnastik

2:00 Uhr früh: Tante Molly bequemt sich endlich nach Hause. Grund für mich, mit nach unten in die Küche zu gehen und nach Essbarem zu suchen. Bei der Gelegenheit fand ich dann verlorenes Spielzeug wieder, mit dem ich diese nächtliche Stille ein wenig geräuschvoll untermalen konnte.

4:30 Uhr: Bodenturnen, selbstverständlich mit der für die Uhrzeit angemessenen Lautstärke.

6:15 Uhr: Besuch der Hüpfburg mit fröhlichem Wadenbeissen.

6:30 Uhr steht mein Personal endlich auf. Ich habe schließlich Hunger und muss als Erster gefüttert werden, da es sonst schwere Fälle von Mundraub gibt. Außerdem esse ich alles, was meine Tanten mögen oder nicht mögen. Grund genug für meine Tanten, so schnell wie möglich und mit Gemaule das Weite zu suchen.

O-Ton Tante Lola: „*Diesör kleinö schwarzö Teuföl kostöt misch meinö letztön Nervöön!*". Na gut, dann werde ich halt als Ersatz Haargummis und Bälle durch die Gegend tragen.

Dieser Rascheltunnel, den ich geschenkt bekommen habe, macht mir immer noch große Freude, besonders frühmorgens, wenn alle anderen noch schlafen.

Neben den Öffnungen vorne und hinten hat der auch in der Mitte ein Loch, wo man mit einem Anlauf quer durch das Wohnzimmer mit Wucht hineinspringen kann. An den Enden hängen so kleine Bänder, die sind ideal, um den Tunnel von einem Raum in den anderen zu schleppen.

Meistens trage ich den Rascheltunnel an Plätze, wo mein Personal garantiert drüber stolpert und wieder zu fluchen beginnt. Unter uns gesagt: Wenn die über mich fluchen, meinen sie das gar nicht ernst.

Ich bin ziemlich froh, dass sich meine Tanten überhaupt nicht für meinen Rascheltunnel interessieren, weil ich dann meine ganze Beute, also mindestens vier Haargummis, eine Häkelmaus namens Jutta, mein Baldrianherz von Jasmin, diverse Bälle und einen gestreiften Plüschfisch darin deponieren kann, um sie danach gleich wieder unter einigen Möbelstücken wieder verschwinden zu lassen.

🐾 Tombola

Letztens hat mir mein Personal ein neues Geschenk gemacht, dass sie „Katzenrennbahn" genannt haben. Das war so ein rundes Ding mit einer Kugel innen drin, die sich nur bewegte, wenn man sie ein wenig mit der Pfote geschubst hat. Ehrlich gesagt war das stinklangweilig weil man die Kugel nicht herausnehmen konnte und ich habe gleich die Lust an dem Spielzeug verloren. Ich glaube sowieso, dass die Kugel schon tot war.

Es geht doch nichts über Fraulis Haargummis, die kann man überall im Haus deponieren.

Nachdem mir diese Rennbahn überhaupt nicht gefallen hat und auch meine Tanten kein besonderes Interesse daran zeigten, ist mein Personal auf die Idee gekommen, das Ding bei meinem Fanclub im Internet zu verlosen.

Herrli hat lauter kleine Papierzettel mit Namen darin gefaltet und ich durfte dann die Gewinnerin ziehen. Er hat auch gleichzeitig den Aufsichtsbeamten und Kameramann gemacht, damit es bei der Verlosung mit rechten Dingen zugeht und meine Fans sehen können, dass ich alleine das Los gezogen habe und nicht die Menschen.

Gewonnen hat die Rennbahn eine gewisse Felicitas und sie hat im Internet geschrieben, dass deren Katzen erst mal Angst davor hatten. Das müssen ziemliche Weicheier sein.

Die ganze Zeit juckt es mich in meinen Ohren und ich weiß nicht warum; ständig muss ich mich kratzen. Frauli und Herrli haben das irgendwie mitbekommen und mich in diesen komischen kleinen Korb mit dem Gitter gesetzt.

Ich mag das überhaupt nicht, wenn ich durch die Gegend getragen und durchgeschüttelt werde und schon gar nicht, wenn der Weg zur Tierärztin führt. Glücklicherweise wohnt sie nur ein paar Häuser weiter und ist eigentlich ganz nett. Sie hat mir erklärt, dass ich Milben in den Ohren habe und sie mir dann mit einer Flüssigkeit und langen Wattestäbchen richtig sauber geputzt.

Angenehm war das nicht, aber dafür hat es dann hinterher nicht mehr gejuckt und bei diesem Besuch bin ich wenigstens nicht in den Rücken gepiekt worden.

So sauber meine Ohren jetzt auch sind, ich höre trotzdem nur richtig, wenn ich es will und nicht, wenn mein Personal was zu mir sagt.

🐾 Politische Bildung

Tante Molly hat ein Körbchen im Bad, Tante Salsa und Tante Lola haben Körbchen im Wohnzimmer und was habe ich, abgesehen von einem Korb voll Spielsachen, einem Korb im Schlafzimmer und einem Korb im Wohnzimmer? Nichts! Das muss anders werden und ich werde jetzt mal in einem Staatsstreich die Körbchen aller Tanten besetzen.

Frauli meinte: *„Pass auf dass es keine Prügelei mit den Tanten gibt, die mögen das gar nicht, wenn ihre Körbchen besetzt werden"* und Herrli antwortete darauf nur *„Tja, kleine Miezen müssen noch viel lernen, auch was Rangordnungen betrifft."*

Sie haben dann im Internet veröffentlicht, dass ich die „*Occupy-Körbchen*" Bewegung erfunden hätte und mir erzählt, dass es schon eine Menge begeisterter Anhänger gibt. Aus allen Teilen der Welt haben sich Katzen der Bewegung angeschlossen und besetzen nicht nur Körbchen sondern auch Tische, Stühle, Sofas, Betten sowie die Bäuche und Beine ihres Personals.

 Im Zuge der Solidarität bin ich so nett und besetze abwechselnd die Körbchen von allen Tanten, damit sie von mir gleich behandelt werden und sich keine von mir benachteiligt fühlen muss.

Ich sollte mir überlegen, ob ich nicht die internationale Körbchenpartei gründen sollte, wenn sich noch mehr Katzen meiner Bewegung anschließen. Immerhin habe ich gehört, dass es allein in Deutschland etwa acht Millionen Katzenbesitzer gibt. Ich glaube, da stehen die Chancen nicht schlecht, bei der nächsten Wahl in den Bundestag einzuziehen.

Meine erste Handlung wäre dann die Abschaffung der Mehrwertsteuer auf Katzenfutter, Katzenstreu und Katzenspielzeug sowie die Einführung einer kostenlosen und bevorzugten medizinischen Behandlung beim Tierarzt.

Bevor jetzt die Frage nach der Gleichberechtigung kommt, das mit der Abschaffung der Hundesteuer muss ich mir noch genau überlegen, weil wir Katzen sowieso schon seit über 2000 Jahren die heimlichen Herrscher auf der Erde sind.

Leider bin ich aber kurz darauf mit Tante Salsas Körbchen den Schrank runtergefallen.

Ich habe deswegen entschieden, dass ich nichts mehr mit Politik zu tun haben will weil das zu gefährlich ist und ich lieber in die Filmbranche als Stuntkatze wechsle.

🐾 Fütterung der Raubtiere

Essen ist schön! Aber grundsätzlich zu wenig! Meine Bemühungen, das Personal bei der Essensvergabe richtig zu erziehen sind enorm schwierig.

Sie haben immer noch nicht begriffen, dass ich als Allererstes eine ordentliche Portion Fleisch brauche und erst dann meine Tanten mit dem Nötigsten versorgt werden dürfen. Also muss ich gezwungenermaßen meine Krallen und vor allem meine Stimmbänder mittels lautstarkem Maunzen und Knurren benutzen, um ihnen die richtige Reihenfolge mitzuteilen. Und siehe da, es funktioniert!

Letztens habe ich eine von den kleinen Futterdosen geklaut. Dummerweise hatte Herrli genau in diesem Moment die Kamera eingeschaltet und meinen Raub gefilmt. Er und Frauli haben sich gebogen vor Lachen und später haben sie mir erzählt, dass sie den Film im Internet veröffentlicht und alle Leute auch fürchterlich gelacht haben.

Also Privatsphäre kann man das nun wirklich nicht nennen, wenn die ohne mein Einverständnis Filme von mir veröffentlichen.

Nebenbei habe ich im Gegensatz zu den Tanten den Vorteil, dass ich wirklich alles in mich reinstopfe, was essbar ist; die stellen sich da teilweise fürchterlich an.

Tante Molly ist ständig am Nase rümpfen, weil sie nicht dauernd ihr heiß geliebtes Eiersoufflè bekommt und Tante Salsa lässt beleidigt ihr Essen stehen, weil sie nicht als Erste bedient wird, wo sie doch die Schönste im ganzen Land ist.

Selbstverständlich opfere ich mich natürlich gern für deren Näpfe und es wäre auch wirklich schade, das gute Futter alt werden zu lassen.

Tante Lola wurde vom Personal auf Diät gesetzt, weil sie angeblich zu dick und zu träge ist.

„Isch bin nischt dick und trägöö", mault sie dann jedes Mal und Frauli meinte: *„Die hat sich irgendwo bei den Nachbarn noch einen Platz gesucht weil sie immer dicker nach Hause kommt, wenn sie denn überhaupt noch daheim auftaucht."*

Überhaupt, Frauli hat zugegeben, dass sie, was uns Katzen betrifft, eine ziemliche „Glucke" ist. Ich habe keine Ahnung, was das bedeuten soll, aber das hat wahrscheinlich damit zu tun, dass sie abends ab und zu laut rufend durch die Gegend rennt, wenn Tante Salsa und Tante Lola noch nicht heim gekommen sind. Zwischendrin schnappt sie sich Herrli und geht mit einer Taschenlampe bewaffnet nach draußen, um nach den Tanten zu suchen, dabei laufen sie überall zwischen den Häusern herum.

Frauli ruft meistens nach Tante Lola, weil die immer am längsten von allen Tanten draußen unterwegs ist und fragt alle Nachbarn, wo denn ihre Katzen sind. Wenn sie dann nach einer gefühlten Ewigkeit erfolglos wieder da ist, geht das Spiel nach zehn Minuten von vorne los.

Lola hat mir erzählt, dass sie in einer Hecke sitzt und sich köstlich amüsiert wenn Frauli mit Herrli im Schlepptau zum zehnten Mal an ihr vorbei läuft und ihren Namen ruft. *„Isch muss dann immör so lachöön und bewegö misch nischt"*, kichert sie.

Irgendwann später geht sie dann doch heim, weil Frauli sonst nicht schlafen kann und senkrecht in meiner Hüpfburg steht. Jeden Abend sagt sie dann:

„Die kosten mich meine letzten Nerven! Ab morgen bleiben sie im Haus, selbst wenn Salsa vor lauter Frust täglich vor den Ofen kackt."

Am nächsten Morgen sind dann alle Tanten wieder im Garten unterwegs.

🐾 Die Dame von Welt und ihre Geschäfte

Tante Salsa ist schon eine ziemliche Zicke, sagt mein Personal. Zugegeben, recht hübsch ist sie mit ihren drei Farben, dem langen Fell und den Pluderhosen an den Hinterbeinen schon, aber ich wusste bisher nicht, dass eine Katze dermaßen eingebildet sein kann. Den lieben langen Tag sollte man sie ob ihrer Schönheit huldigen und ständig betonen, wie hübsch sie doch ist.

Frauli hat erzählt, dass sie in Frankreich geboren und bei Schafen aufgewachsen ist. Sie glaubt aber, sie wäre eine Ururenkelin der Hauskatze von Ludwig dem Vierzehnten.

So schmutzig wie sie allerdings manchmal nach Hause kommt, kann ich das nicht glauben und ich denke mir dann, dass sie nur eine gewöhnliche Bauernhofmieze aus dem französischen Baskenland ist.

Was das Gezicke betrifft, macht sie einer Frau die Naomi oder so ähnlich heißt, ernsthafte Konkurrenz: Sie kann maulen, maunzen und knurren wie keine andere. Herrli und Frauli haben sie einmal gekämmt, weil sie von draußen mit einem Haufen Kletten im Fell heimkam, dabei hat sie sich angehört wie der Start bei einem Formel 1 Rennen.

Außerdem behauptet sie, dass ihr diese Choupette, die einem Karl oder so gehört und angeblich zwei Kammerzofen hat, nicht das Wasser reichen kann, was Schönheit betrifft.

„Die ist nur so berühmt, weil der Karl vorher schon berühmt war und die meisten Menschen wie Lemminge einem Idol hinterherrennen", sagt sie. Was sind eigentlich Idole und Lemminge und heißen die auch Karl?

Das Personal darf Tante Salsa nur streicheln, wenn sie wirklich gut aufgelegt oder völlig ausgehungert ist, und das ist nach maximal fünf Stunden der Fall.

Wenn sie ihren Willen nicht bekommt liegt sie immer so im Weg, dass mein Personal mit den Füßen über sie fällt und fürchterlich flucht. Diese Methode mit dem „im Weg liegen" finde ich aber richtig lustig und wenn ich das mache, fluchen sie auch ganz nett.

Am meisten fluchen aber Herrli und Frauli vor dem Frühstück, wenn Tante Salsa auf die Glasplatte vor dem Ofen im Wohnzimmer einen gut riechenden Haufen setzt, nur weil sie nicht gleich frühmorgens aus dem Haus darf. Wenn die dann nicht sofort reagieren, macht sie noch einen kleinen gelben See dazu, der dann teilweise unter die Glasplatte läuft und in der Sonne so schöne Lichtreflexionen macht und nicht nach Parfüm riecht.

Anschließend schreitet sie dann mit hoch erhobenem Schwanz zurück in ihr Körbchen und meint trocken:

„So macht man Geschäfte."

🐾 Diät?

Tante Lola ist verfressen, soviel steht fest. Gut, ich bin jetzt auch nicht gerade jemand mit einem Mäusemagen, aber ich habe zumindest die Ausrede, dass ich noch groß und stark werden muss.

Von früh bis spät hört man sie Geräusche machen und sie gibt vor, das wäre Magenknurren. Immer wenn es gerade Frühstück, Mittag- oder Abendessen gegeben hat, kommt sie an und klagt, dass sie schon mindestens drei Tage nichts bekommen hat.

Wenn Herrli oder Frauli in die Küche gehen, schleppt sie sich sofort hinterher, weil eventuell irgendetwas Essbares für sie dabei sein könnte.

Dabei simuliert sie ein fürchterliches Magenknurren, setzt einen leidenden Gesichtsausdruck auf und schwänzelt ständig um die Beine des Personals herum.

Manchmal funktioniert diese Masche bei Frauli und es gibt eine Runde Knusperle für alle, weil sie sagt, dass niemand benachteiligt werden darf.

Nachdem ich in meinem Alter recht lernfähig bin, mache ich mir diese Umstände natürlich zu Nutze und galoppiere hinter ihr her, wenn sie in Richtung Küche unterwegs ist. Sie mault zwar jedes Mal und meint:
„Du kleinör schwarzör Teuföl ast ier nischt zu suchöön", aber das ist mir egal, weil ich auch ständig Hunger habe.

Wenn Tante Lola zu Hause ist verbringt sie die restliche Zeit, wenn es nichts zu essen gibt, mit knurren und schlafen, dabei hängt sie immer eine ihrer Pfoten aus dem Körbchen. Das soll wohl eine Art Signal sein, dass sie in Ruhe gelassen werden will.

Die beiden anderen Tanten haben mir erzählt, dass sie nur aktiver wird, wenn sie nach draußen in den Garten darf. Dort fängt sie so ziemlich alles, was zwei oder vier Beine hat, also Mäuse, Ratten und Vögel. Bis auf die Ratten verspeist sie alles, was sie gefangen hat und als Ausrede erzählt sie dann, dass sie daheim nichts zu essen bekommt und auf Diät gesetzt ist.

Frauli hat allerdings die Vermutung, dass sie irgendwo in der Nachbarschaft einen Platz gefunden hat, wo sie mit der Rolle der armen, ausgehungerten und ach so vernachlässigten Katze sich einen vollen Napf erbettelt und deswegen jeden Tag dicker nach Hause kommt.

Frauli hatte inzwischen die Idee, ihr eine Kamera um den Hals zu hängen, weil sie wissen will, wo sie sich den ganzen Tag herumtreibt.

Also, ich habe nichts dagegen, weil ich nämlich sehr gern in diesen großen eckigen Kasten schaue, wo sich alles Mögliche bewegt und auch so lustige Töne rauskommen; die Menschen sagen Fernseher dazu. Außerdem kann es ja eventuell sein, dass ich auch einmal durch die Türe darf, wohin die Tanten immer verschwinden. Wenn das vielleicht mal der Fall ist, dann wüsste ich auch gleich, wo es die vollen Näpfe in der Nachbarschaft gibt und ich müsste nicht jeden Tag so Hunger leiden wie jetzt.

Immerhin sind drei Näpfe pro Tag und die Reste von meinen Tanten viel zu wenig, um überleben zu können.

🐾 Ausflug mit Hindernissen

Heute ist scheinbar ein ganz besonderer Tag. Mein Personal läuft seit dem frühen Morgen aufgeregt durch alle Zimmer, sammelt Kleidungsstücke ein und legt sie in einen Behälter mit kleinen Rädern unten dran; die nennen das Koffer.

Im Bad haben sie diese kleinen Plastikdinger mit den kurzen Schnurrhaaren dran eingepackt, die sie sich morgens und abends immer in den Mund stecken, damit hin- und herfahren und anschließend so lustige Gurgelgeräusche machen; die nennen das Zahnbürste.

Ich habe in einem unbeobachteten Moment mal probiert, was da drauf ist und das hat mir gar nicht gut geschmeckt, obwohl Tante Molly das ganz super findet und bei jeder Gelegenheit daran riecht und genüsslich die Schaumreste von Fraulis und Herrlis Bürsten schlabbert.

Auf einmal rieche ich eine besondere Luft. Eine Luft, die ich nur davon kenne, wenn im Haus die Fenster offen stehen und ich nicht raus kann weil so ganz feine Gitter davor mir den Weg nach draußen versperren.

Ich wollte ja schon immer mal wissen, was da ist, weil ich es nur aus der Ferne gesehen habe, also gehe ich einfach mal diesem Geruch nach.

Was ist das? Die Türe, durch die meine Tanten immer verschwinden und die sonst geschlossen ist, steht offen! Ich bin einfach zu neugierig, wage mich über die Schwelle und laufe Tante Lola hinterher, die schon ein paar Stufen unter mir steht.

Oh, ist das alles interessant, lauter neue Geräusche und Sachen, die ich noch nie zuvor in meinem Leben gehört und gesehen habe. Aber kaum bin ich die Treppe hinunter gelaufen, höre ich aus der Tür die aufgelöste Stimme von Frauli sagen: *„Wer verflixt nochmal hat die Haustür offengelassen, alle Katzen sind weg und wir wollten gerade fahren!"*

Das war leider ein kurzer Ausflug, denn im nächsten Moment merke ich, wie ich von ihr hochgehoben und ins Haus zurückgetragen werde.

Kurz darauf wird auch Tante Salsa wieder neben mich gesetzt und fängt an zu meckern. Nach einer gefühlten Ewigkeit ist auch Tante Lola wieder da und nachdem mein Personal die Türe von außen geschlossen hat, erzählt sie mir, dass Frauli die ganze Zeit nach ihr gerufen hat, durch sämtliche Büsche im Garten gekrochen ist und alle Nachbarn, die am Samstagmorgen um sieben Uhr wach sind, nach ihr gefragt hat.

Tante Lola hat die ganze Aufregung nicht verstanden, weil sie doch nur neben der Haustür hinter einer Mülltonne gesessen ist und darauf gewartet hat, dass sie endlich wieder nach Hause gebracht wird.

Anscheinend ist das Personal böse auf uns, weil sie an diesem Tag nicht mehr nach Hause gekommen sind. Es wurde später und später und auch als es dunkel wurde, war niemand in der Hüpfburg, den man in die Zehen hätte beißen können.

Es war fürchterlich langweilig, denn alle Tanten sind die meiste Zeit nur herumgelegen und haben geschlafen.

Mir war dann so langweilig, dass ich alles in den Näpfen, die mit ganz viel Futter gefüllt waren, aufgegessen habe und mit vollem Bauch eingeschlafen bin.

 Am nächsten Morgen war auch niemand da und der Tag war richtig öde. Ich habe ab und zu aus dem Fenster gesehen, wo sonst immer das Blechtier meines Personals hin- und her rollt, aber es war nichts, aber auch gar nichts zu sehen und zu hören.

Erst ganz spät am Tag sind dann Frauli und Herrli wieder da gewesen und haben sich riesig gefreut, uns zu sehen.

Ich und die Tanten waren erst mal beleidigt, weil sie uns so lange alleine gelassen haben, ohne dass wir ihnen das erlaubt hätten. Richtig schmollen wirkt Wunder und sie haben sofort unsere Näpfe mit Hühnchenfleisch als Entschuldigung gefüllt.
Wir waren dann recht gnädig und haben ihnen diesen Fehltritt nach einer Handvoll Knusperle verziehen.

🐾 Feinschmecker

Ich liebe Nudeln!
Heute Mittag gab es bei meinem Personal Nudeln und ich musste natürlich sofort probieren, ob die auch mir schmecken könnten.

Es ist wirklich ärgerlich, dass man als Katze nicht auf den Küchentisch darf, aber in diesem Fall konnte ich einfach nicht anders und musste mir so eine Makkaroni stibitzen. Was für ein Genuss, ich bin total begeistert. Erst habe ich nur daran gelutscht aber im Lauf der Zeit merkte ich, dass man da auch richtig abbeißen kann und es unglaublich gut schmeckt.

Leider war ziemlich schnell nichts mehr auf dem Teller und ich musste abgesehen von den vier Fleischrationen bis zum nächsten Tag furchtbaren Hunger leiden. Da gab es dann etwas dünnere und längere Makkaroni.

Eigentlich heißen die Spaghetti, aber das kann ich so schlecht aussprechen, wenn ich gerade eine im Mund habe.

Vor lauter Gier musste ich meine zarten Hinterkrallen in Fraulis Oberschenkel verankern, um noch mehr abzubekommen. Ich habe dabei beschlossen, dass ich künftig nicht mehr auf das Geschrei achte, wenn es um Nudeln geht. Meistens rennt sie dann los, um ihre Wunden zu desinfizieren und das ist für mich die Chance, doch noch eine Nudel zu stibizen.

Mein Personal hat bei der Gelegenheit irgendwas von einem Kater Luigi und seiner Cannelloni erzählt; aber ich glaube, das ist etwas ganz anderes.

Einige Tage später gab es für mich den nächsten kulinarischen Hochgenuss, nämlich Kuchen. Der ist jetzt zwar nicht ganz so deftig wie die Nudeln speziell mit ein wenig Tomatensoße, aber er schmeckt auch ganz hervorragend.

So ein Rührteig ist süß, schmackhaft und sättigend, zumindest beim Menschen. Ich werde überhaupt nicht satt davon und brauche mehr, aber irgendwann sind die Teller meines Personals wieder leer gewesen. Es waren auch so rote feuchte Stückchen drauf, welche die Menschen Erdbeeren nennen, aber die haben mir gar nicht geschmeckt. Wenn es nach mir geht, könnte das Personal jeden Tag mit einer Ladung Kuchen erscheinen.

Ich bin mittlerweile dazu übergegangen alles zu testen, was mein Personal Essbares auf dem Tisch stehen hat; schließlich könnte es ja passieren, dass mir eine wunderbare Leckerei durch die Lappen geht.

Ich musste allerdings schnell feststellen, dass nicht alles, was die Menschen essen, auch mir schmeckt, zum Beispiel gesalzene Kartoffelchips. Das ist total widerlich und ich kann überhaupt nicht verstehen, warum sich mein Personal dieses Zeug gleich tütenweise in den Mund schiebt.

Viel schmackhafter sind da wirklich diese kleinen Emmentalerwürfel von Frauli, da kann man ganz toll darauf herumkauen und diese grünen Kügelchen, die sie Weintrauben nennt, kann sie selber essen, weil mir die sowieso nicht schmecken.

Eine meiner neuen Leibspeisen sind Salzkartoffel oder Bratkartoffel.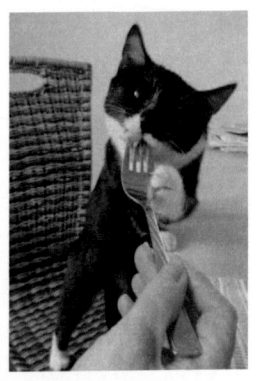
Weil die so gut schmecken, habe ich sie Frauli direkt von der Gabel stibitzt. Diese langen Kartoffelstäbchen, die von den Menschen „Pommes frites" genannt werden sind auch ganz köstlich und auch viel leichter zu klauen, wenn Herrli oder Frauli gerade nicht auf ihren Teller schauen.

Ich muss jetzt nur noch überlegen, wie ich es schaffe, Herrli zu erziehen. Immer, wenn ich auf den Küchentisch geklettert bin, ruft er: *„Runter vom Tisch, aber sofort!"*, speziell wenn es diese köstlichen Hühnchenteile gibt.

Egal, ob ich todesmutig die Stuhllehne ohne Karabiner und Sicherungsleine steil nach oben klettere oder Fraulis Oberschenkel als Kletterhilfe benutze, ständig gibt es bei derartigen Gelegenheiten dieses sinnlose Geschrei, auf das ich sowieso nicht höre.

Ich maule ihm zwar hinterher, geh aber lieber runter bevor ich keine Nudeln oder Hühnchen mehr bekomme. Es ist wirklich zu dumm, dass nie Nudeln, Kuchen oder noch besser Hühnchen auf dem Tisch stehen, wenn mein Personal nicht daheim ist.

Zu allem Überfluss haben sie jetzt auch noch die ganzen kleinen Tüten mit dem köstlichen Fleisch speziell für uns Katzen in eine Plastikbox gesperrt, weil ich letztens ein paar aufgebissen habe, als sie nicht da waren.

Gestern hat Frauli überbackene Zucchini mit Knoblauch gekocht und mich einfach nicht probieren lassen. Als mein Personal dann nach dem Essen kurz die Küche verlassen hat, kam meine Stunde:

Weil ich schon ziemlich gewachsen bin, habe ich einen Sprung auf die Küchenzeile gemacht und den Deckel von der Schale geöffnet, wo der Rest drin war. Also, das Hackfleisch und der Käse waren richtig gut, der Knoblauch war eher nicht so mein Geschmack.

Kurze Zeit später war mir dann richtig schlecht und ich lag fast den ganzen Abend mit Bauchweh auf der Couch. Irgendwie hatte ich überhaupt keine Lust, mit meinen Tanten zu spielen oder das Personal zu ärgern. Frauli meinte, das ist gar nicht gut wenn Katzen Knoblauch essen und Herrli sagte, dass ich noch viel lernen muss.

Ich glaube, da hat er recht, weil vor einer Woche ging es mir ähnlich. Ich habe heimlich diese köstlichen Kaustängelchen geklaut und einen Teil der Aluminiumverpackung mit gefuttert. Für den Rest des Tages war mir der Spaß vergangen, Blödsinn anzustellen und am nächsten Morgen, als ich aufs Klo gegangen bin, gab es Glitzerwürstchen.

Herrli hat gelacht und gesagt „*Das kommt davon, wenn man so eine gierige Bestie ist wie Du.*"

Ich habe schon wieder Hunger!

🐈 Die Liebe ist ein seltsames Spiel

Tante Molly hat mir erzählt, dass sie draußen vor dem Haus einen Freund namens Caruso hat, mit dem sie ab und zu spazieren geht und gemeinsam Mäuse fängt. Er ist total fasziniert von Mollys *„Cindy Crawford Gedächtnisfleck"* auf ihrer Nase.

Ich würde wirklich gerne mal raus gehen und ihn kennenlernen, aber mein Personal meint, dass ich noch zu klein bin, um die Welt zu erkunden, geschweige denn mich mit fremden Katzen abzugeben. Sie meinten wenn mich später mal jemand Fremder anspricht, egal ob Katze oder Mensch, soll ich zuerst einmal schnell weglaufen, das wäre sicherer.

Caruso ist der lokale Dorfpolizist, weil er genau weiß, wo es im Dorf etwas zu essen gibt und wo man sich ungestraft auf einer Couch oder in einer fremden Hüpfburg niederlassen kann. Er behauptet, dass er in der Arena di Verona geboren und aufgewachsen und deshalb neben seinem Beruf als Polizist auch begnadeter Opernsänger ist.

Ich habe ihn auch schon ein paar Mal singen hören, wenn zu Hause im Sommer die Fenster offen gestanden sind.

Also ehrlich, singen kann er wirklich gut auch wenn mein Personal meint, das wäre ein furchtbarer Katzenjammer und er sie nur wegen Futter erpressen will. Überhaupt sei bei ihm alles nur Tarnung und eigentlich ist er ein richtiger Mafioso.

Was er nach den Erzählungen von Tante Molly aber noch besser als singen kann, ist essen. Er schafft es, ein komplettes Futterschälchen mit 200 Gramm in unter 20 Sekunden einzuatmen, dabei ist es ihm völlig egal, was in der Schale war und von welchem Hersteller.

Durch Umstände, die niemand kennt, hat es ihn vor ein paar Jahren zu der Tierärztin von nebenan verschlagen, wo er im Wartezimmer direkt an der Anmeldung seinen Schlafplatz hatte. Dort begrüßte er dann die neuen Patienten samt deren Personal mit einem Ständchen aus seinem Repertoire und hatte während der Wartezeit seinen Spaß mit ihnen.

Im letzten Jahr hat dann die Tierärztin einen jungen Hund aufgenommen, der Labrador heißt und das hat Caruso überhaupt nicht gepasst. Nachdem seine Proteste einfach überhört wurden, hat er seine Siebensachen gepackt und ist ausgezogen.

Seitdem zieht er im Dorf von Haus zu Haus und kennt somit alle Garagen, Ställe, Schuppen und Schlupflöcher. Ein paar Häuser weiter von hier hat er sich eine Couch reserviert, die er sich mit zwei Möpsen teilt. Seitdem er dort ist, haben die Möpse nichts mehr zu melden, weil er ihnen deutlich mitgeteilt hat dass ab sofort er alleine der Chef ist.

Seitdem rennen die Möpse immer ganz aufgeregt an den Gartenzaun, wenn Menschen daran vorbeigehen und spielen sich dort auf wie große Doggen; meistens lachen alle nur und sagen, wie schnuckelig die beiden doch sind.

Bei den Mopsbesitzern ist allerdings die Speisekarte für den Feinschmecker Caruso recht spärlich mit Trockenfutter bestückt und deshalb steht er sehr oft vor unserer Tür und gibt eine seiner italienischen Arien zum Besten. Tante Molly gefallen die Gesänge recht gut und sie stupsen sich dann gegenseitig an der Nase.

Früher wollte Molly überhaupt nichts mit ihm zu tun haben, aber im Lauf der Zeit hat sie gemerkt, dass er eigentlich doch richtig nett ist. Vor den beiden anderen Tanten hat er allerdings ziemlichen Respekt, wahrscheinlich, weil er kein Französisch kann.

Wenn Herrli nicht sofort reagiert und etwas Essbares vor die Haustür stellt, wird Caruso deutlicher und meint *„Du gebe sofort molto Mangiare für Patrone sonst ich musse singe die ganze Tag."*

Mein Personal reagiert dann meistens recht schnell und lässt alles stehen und liegen, um den Hunger des Sängers zu stillen. Hinterher meinen sie dann, dass Caruso mit seinen Erpressermethoden doch irgendwo aus Sizilien stammen muss.

Wenn er dann das ganze Futter verputzt hat, geht er meistens ohne ein Wort des Dankes und verzieht sich mit Tante Molly in die nächstbeste Hecke.

Molly hat mir unter vier Augen erzählt, dass sie da nur schmusen, weil bei beiden sowieso nichts mehr geht und Caruso aus einer früheren Beziehung eine Tochter hat. So richtig verstehe ich das nicht und sie meinte: *„Das wirst du noch früh genug verstehen.“*

Also wirklich, langsam komme ich schließlich in ein Alter, in dem man zumindest bei grundlegenden Dingen aufgeklärt werden sollte, aber jedes Mal, wenn ich das Thema Katze und Kater bei Tante Molly anschneide, weicht sie mir aus und miaut belanglose Sprüche, genauso wie Tante Salsa und Tante Lola.

Überhaupt lebt sie recht zurückgezogen und wenn sie zu Hause ist, geht sie meistens ins Badezimmer, wo ihr Körbchen steht oder macht sich tagsüber auf meiner Hüpfburg breit. Mittlerweile ist sie auch öfter wieder in meinem Wohnzimmer auf der Couch und schläft dort. Eine Zeitlang hat sie sich dort gar nicht mehr hingetraut, weil die beiden anderen Tanten das Wohnzimmer für sich beansprucht haben und sie wegen der Faucherei ziemliche Angst hatte. Seitdem ich aber eingezogen bin, hat sich die Lage etwas entspannt.

Wie ich gerade erfahren habe, ist jetzt auch Tante Lola bis über beide Ohren verliebt, sie hat sich draußen mit einem unbekannten schwarz weißen Kater angefreundet, der scheinbar neu hierher gezogen ist. Das ist wohl auch der Grund, warum sie immer später nach Hause kommt und Frauli deswegen regelmäßig kurz vor einem Nervenzusammenbruch steht.

Lola ist jedenfalls viel ausgeglichener und hat immer so einen verklärten Blick, wenn sie sich draußen mit ihrem neuen Freund getroffen hat. Ganz und gar nicht verklärt ist sie allerdings, wenn das Personal entschieden hat, dass sie mal einen ganzen Tag nicht raus darf. Sie sitzt dann total missmutig vor der verschlossenen Haustür und knurrt, was das Zeug hält.

Vor lauter Frust stopft sie dann alles Essbare in sich rein was sie finden kann und versucht, Tante Molly zu verprügeln. Das ist dann immer ein Riesengeschrei, weil das Personal auch kräftig mit schreit, aber im Endeffekt kommt nichts dabei raus, weil wir Katzen nicht selbst Türen öffnen können.

Speziell dann, wenn in der Tür ein Schlüssel umgedreht werden muss, haben wir überhaupt keine Chance und eine Katzenklappe, wo man nach Lust und Laune rein und raus könnte, gibt es nicht. Von Herrli weiß ich, dass er früher mal einen Kater hatte, der alle Türen öffnen konnte. Das hat ihn auf Dauer so genervt, dass er dann überall den Schlüssel rumgedreht hat.

Tante Salsa hat beschlossen, dass sie momentan alleine bleiben und sich ganz und gar auf ihre Schönheit konzentrieren will. In Frankreich hat sie drei Kinder zur Welt gebracht und sich dann von ihrem Liebhaber getrennt, weil sie so schön ist.

Den lieben langen Tag läuft sie mit ihrem erhobenen buschigen Schwanz durch die Gegend und präsentiert ihre schicken Pluderhosen an den Hinterbeinen. Wenn sie mich sieht, fängt sie an zu knurren und meint dann: „Ich brauche kein Spieglein an der Wand, ich weiß auch so, dass ich die Schönste im ganzen Land bin." Da wundert es mich nicht, dass sie keinen Freund hat, weil ein so unglaubliches Gezicke hält auf Dauer wirklich kein Kater aus.

Frauli hat mir im Vertrauen erzählt, dass sie heimlich immer bei den Schafen in der Nachbarschaft rumhängt, weil sie früher in Frankreich mit vielen Schafen aufgewachsen ist.

Na ja, wahrscheinlich sind die so dumm und glauben ihr die Märchen mit dem Schloss, den vielen weißen Pferden und dem Sonnenkönig.

Sie macht einen auf Diva, alle Schafe blöken zustimmend und finden sie ganz toll.
Herrli hat gesagt, das soll im Übrigen auch bei den Menschen recht oft der Fall sein.

Liebe scheint etwas Schönes zu sein, wenn ich mir so die Erzählungen von meinen Tanten anhöre, wenn sie wieder nach Hause kommen. Das scheint nicht nur bei uns Katzen so zu sein, sondern auch bei den Menschen, wenn ich manchmal so komische Geräusche aus meiner Hüpfburg höre. Da hängt dann jedes Mal ein Schild an der Tür wo drauf steht „*Wegen Wartungsarbeiten an der Hüpfburg gesperrt.*" Ich glaube das nicht, weil sich das nicht nach Arbeit anhört.

Vielleicht muss ich erst noch richtig erwachsen werden, um zu kapieren, was Liebe wirklich bedeutet. Momentan sind mir jedenfalls Stoffmäuse, Plastikbälle und Haargummis als Spielzeug lieber.

🐦 Schon wieder Geschenke!

Heute Morgen saß ich am Fenster und träumte so vor mich hin, als wieder dieses gelbe Auto vor mein Haus gefahren kam. Ein Mann stieg aus, öffnete die hintere Klappe und wuchtete zwei riesengroße Pakete heraus.

Kurz darauf muhte es an der Tür und ich und meine Tanten versteckten uns erst mal vor diesen komischen Tönen. Frauli hat mich später aufgeklärt dass Herrli aufgrund seines Vogels das Muhen einer Kuh als Türglocke programmiert hat, weil ihm eine normale Klingel zu langweilig ist.

Uns Katzen erschreckt dieses Geräusch aber jedes Mal. Meiner und Fraulis Meinung nach wäre es an der Zeit, dass Herrli einen neuen Ton in die Türglocke einspielen sollte.
Mir würde zum Beispiel die *„Ode an die Freude"* recht gut gefallen oder *„I hear you knocking"* wäre auch viel passender als dieses nervige und laute Gemuhe, wo wir alle so viel Angst bekommen.

Herrli hat dann trocken geantwortet „*Als nächstes programmiere ich Hells Bells rein, haha.*"

Nachdem ich mich wieder beruhigt hatte, bin ich unter meiner Hüpfburg hervorgekrochen und ins Wohnzimmer gelaufen, wo jetzt auf dem Boden diese großen gelben Schachteln standen. Es war natürlich klar, dass zuerst ich den Inhalt gründlich untersuchen musste, bevor mein Personal alles auspacken konnte.

Die Pakete kamen von ganz weit weg, aus dem hohen Norden von einer Anja, die auch Katzen zu Hause hat und die schon sehr oft Fotos von mir im Internet gesehen hat. Und weil ich ihr scheinbar so gut gefalle hat sie mir, meinem Personal und den Bauernhofkatzen, wo ich gefunden wurde, eine Menge Geschenke gemacht.

Ganz oben drauf lag ein verschlossener Brief. Weil ich noch so klein bin und nicht lesen und schreiben kann, habe ich zu Frauli gemaunzt, dass sie mir den Brief vorlesen soll.

Sie schrieb, dass das erste Paket für mich, meine Tanten und mein Personal bestimmt ist und das zweite Paket für die Bauernhofkatzen. Anja hat geschrieben, dass sie sich mit den Paketen für die vielen schönen Fotos und Geschichten von mir und den Bauernhofkatzen bedanken wollte, die mein Personal ins Internet gestellt hat und dass sie mir damals mein Leben gerettet haben.

Der Brief kam natürlich in die Schublade zu meiner Fanpost, die Frauli und Herrli extra für mich reserviert haben. In dem Paket für die Bauernhofkatzen waren Unmengen von Futterdosen, Tüten voll Fleisch und diese leckeren dünnen Stängelchen, die alle Katzen meistens nur als Belohnung bekommen, wo man sie doch eigentlich den ganzen Tag in sich hineinstopfen könnte.

Eins davon habe ich gleich mal geklaut und es in Windeseile verdrückt, damit mir das niemand wegnehmen kann.

Später habe ich heimlich noch eins dieser Stängelchen erst aus dem Paket und dann aus der Verpackung ge-klaut, aber ich habe vergessen, dass man die Verpackung nicht essen kann. Deswegen war mir für den Rest des Tages wieder richtig schlecht und ich hatte keine große Lust mehr zu blödeln und mein Personal mit meinen Aktivitäten auf Trab zu halten.

Herrli und Frauli haben das Paket ganz schnell nach draußen gestellt, damit ich nicht noch mehr klauen kann und mir weiter den Magen

verderbe. Nachdem ich dann später mein großes Geschäft gemacht habe, ging es mir gleich wieder besser.

Die richtige Überraschung war aber im zweiten Paket!

Für Herrli und Frauli gab es Pralinen und Schokolade, die ich zu gerne gleich probiert hätte, aber sie haben gesagt, das ist giftig für Katzen.
Für mich und meine Tanten waren deshalb auch diese tollen Knuspertaschen mit Käse eingepackt, die man nur bekommt, wenn man richtig brav ist und die sind mir sowieso lieber als eine doofe Schokolade, die nur dick macht.

Ganz unten auf dem Boden des Pakets war aber noch etwas Großes in Geschenkpapier eingewickelt und ich konnte es gar nicht erwarten dass mein Personal das Geschenk auspackt.

Ich bin vor Neugier ganz unruhig hin und her gehüpft, bis Frauli endlich das Papier aufgemacht hat. Der Inhalt war ein tolles Kissen mit einem Foto von mir darauf gedruckt. Mein Personal und ich haben nicht schlecht gestaunt und wir haben uns alle richtig gefreut.

Mein Kissen hat dann gleich im Wohnzimmer einen Ehrenplatz neben dem Kissen von Tante Salsa bekommen. Sie hat sich die ganze Zeit was darauf eingebildet, dass sie die Einzige mit einem persönlichen Kissen ist und wahrscheinlich stinkt es ihr jetzt, dass ich auch eins habe. Das ist mir egal, ich finde mein Kissen wunderschön und alle anderen finden das auch.

🐾 Bauernhofkatzen

Herrli und Frauli sind losgezogen und haben das Geschenkpaket von Anja auf den Bauernhof gebracht, wo sich alle Katzen dort sehr gefreut haben und sich gleich über den leckeren Inhalt her machten.

Normalerweise bekommen sie nur Trockenfutter, wenn Melkzeit ist frische Kuhmilch und müssen sich ihr Frühstück, Mittag- und Abendessen immer selbst besorgen, indem sie Mäuse und Ratten fangen. Deswegen freuten sie sich erst recht über die willkommene Abwechslung.

Mein Personal hat mir irgendwann erzählt, wen es da so alles auf dem Bauernhof gibt:

Herr Schiefkopf ist der Chef der Bauernhof-katzen und regiert seit etwa zehn Jahren dort. Er hat schon jede Menge Revierkämpfe hinter sich und sieht deswegen mit seinen zerbissenen Ohren und einem fehlendem Reißzahn sehr verwegen aus. Trotzdem ist er ein ganz lieber Kater, der gern mit Menschen schmust. Wahrscheinlich ist ihm vor vielen Jahren ein Strohballen auf den Kopf gefallen, deswegen hat er so einen lustigen Namen.

Frau Basedow ist eine seiner Frauen und ihr Markenzeichen ist ihr buschiger Schwanz, der meistens mit Kuhkacke verschmiert ist, weil sie immer quer durch den Kuhstall läuft. Sie schmust sehr gerne mit den Menschen, die anschließend auch ziemlich nach Kuhkacke stinken.

Wenn Herrli und Frauli vom Bauernhof kommen, stinken sie auch immer ganz schön heftig nach Kuhkacke.

Herr Rötli ist ein vornehmer und zurückhaltender Kater, der sich zwar streicheln lässt, dann aber wieder seine Ruhe haben will. Meistens sucht er sich ein warmes Plätzchen in der Sonne, um den Tag mit Schlafen zu verbringen.

Er hat ein sehr struppiges, aber trotzdem gepflegtes Fell, für das ihn viele andere Katzen beneiden weil er im Winter nicht so friert wie sie.

Franzi ist mit ihren zwei Jahren eine der jungen Hofkatzen. Sie ist zwar extrem dünn und zierlich, aber trotzdem sehr robust und hart im Nehmen. Als ganz kleine Katze hatte sie lange einen schweren Schnupfen und war den ganzen Tag mit Niesen beschäftigt.

Inzwischen geht es ihr richtig gut, weil die Tierärztin ab und zu auf dem Bauernhof vorbei schaut und sie dafür Medikamente bekommen hat. Wer Franzi krault, hat Probleme, sie wieder loszuwerden, weil sie so anhänglich ist und jeden Menschen zum persönlichen Eigentum erklärt.

Luigi ist ein junger, frecher und roter Kater italienischer Abstammung, der den ganzen Tag nur an „*Amore*" denkt. Er glaubt, dass er irgendwann Herrn Schiefkopf als Chef ablösen kann und will dann eine „*Bunga-Bunga Republik*" gründen.

Herr Schiefkopf hat das allerdings mitbekommen und ihm deswegen vor Kurzem als Warnung ein blutiges Ohr verpasst. Seitdem hat er sich etwas zurückgezogen, ist aber richtig lieb geworden und lässt sich mittlerweile auch streicheln.

Herzibobbele ist ein netter Kater, den alle wegen seiner Herznase mögen.

Er war anfangs ziemlich scheu, aber Frauli hat ihm bei ihren Besuchen immer ein paar Leckerlis mitgebracht und er wurde mehr und mehr zutraulicher.

Inzwischen lässt er sich ab und zu streicheln und läuft dem Personal zum Abschied hinterher.

Daneben gibt es noch Isabelle, Frau Güllegrube und ein paar andere Katzen, die sich meistens irgendwo im Gebüsch oder sonst wo verstecken. Viele von den jungen Katzen werden auch von anderen Menschen abgeholt, die ihnen einen schönen Platz zum Leben geben möchten.

So kam letztes Jahr die kleine dreifarbige Josi zu ihrer neuen Spielgefährtin Sara, die mehr als 500 Kilometer entfernt von hier wohnt.

Der kleine „Le Wuschèl" hat einen wunderschönen Platz bei dem lispelnden Franky in Österreich gefunden, ein paar Monate vorher ist seine Freundin Phoebe gestorben ist und er war sehr traurig. „Le Wuschèl" heißt jetzt Sammy. Beide sind sofort richtig dicke Freunde geworden und machen den ganzen Tag viel Blödsinn zusammen.

Über Jerry habe ich ja schon geschrieben, der hat sich auch sehr schnell bei seinen neuen vier Mitbewohnern eingelebt.

Ich würde die Katzen auf dem Bauernhof ja sehr gerne kennenlernen, aber zu Fuß brauche ich bestimmt vier Tage und außerdem habe ich das mit dem Türen öffnen noch nicht kapiert. Ich glaube auch, dass es meinem Personal nicht so gut gefällt, wenn ich nach Kuhkacke stinke.

Auf jeden Fall geht es den Katzen dort sehr gut, sie haben dank der Care-Pakete von unseren Freunden reichlich zu essen und die Tierärztin sieht auch regelmäßig auf dem Hof vorbei.

🐾 Fiese Zeitgenossen

Es ist 5:30 Uhr morgens und dieser unsympathische Typ namens *„Wochenende"* ist wieder da. Natürlich musste ich sofort Herrli Bescheid geben, indem ich ihm meinen Hintern ins Gesicht gedrückt und ordentlich gepupst habe.

Er war anscheinend nicht sonderlich begeistert über *„Wochenende"* und wahrscheinlich deswegen ziemlich sauer. Deshalb hat er mich mit einem Grummeln aus meiner Hüpfburg geworfen und sich wieder tot gestellt.

 In meiner Verzweiflung bin ich dann zu Frauli gegangen und habe sie mehrmals in die Finger gebissen, damit meine Warnung nicht völlig umsonst gewesen ist.

Sie hat auch sofort reagiert und *„Hörst du auf!"* gerufen und damit bestimmt diesen Eindringling gemeint.

Anschließend sagte sie noch: „*Jetzt hast du es wieder mal geschafft, das Wochenende zu versauen*", und ich war deswegen der Ansicht, dass meine Warnungen Wirkung gezeigt haben

Deswegen verstand ich auch nicht so richtig, warum sie mich dann genommen und mit dem Kommentar „*Es reicht!*" ins Bad eingesperrt hat.

Langweilig. Es ist so unglaublich langweilig, wenn man in einem Badezimmer eingesperrt und niemand da ist, mit dem man spielen könnte. Ich habe dann erst ganz leise und später richtig laut gemaunzt, dass ich mit der momentanen Gesamtsituation unzufrieden bin.

Nachdem ich trotzdem keinerlei Reaktion jenseits der Badezimmertür bemerkte, setzte ich als Lebenszeichen noch meine Krallen an der Tür ein. Irgendwie hat aber mein Personal scheinbar vorher schon gewusst, dass ich das machen könnte, weil die Tür aus einem Material besteht, wo man keine Tattoos oder Autogramme einritzen kann.

Weil ich ungefähr zwei Stunden erfolglos gemaunzt und an der Badezimmertür gekratzt hatte, wurde ich dann so müde, dass ich das Körbchen von Tante Molly besetzte und vor lauter Langeweile eingeschlafen bin.

Tante Molly durfte nämlich im Schlafzimmer bleiben, weil sie nichts von dem Eindringling mitbekommen hat und selig auf ihrem Stuhl von Caruso weiterträumte.

Ich bin mir ziemlich sicher, dass ich aber den ganzen Ärger vom frühen Morgen nur diesem bösen „*Wochenende*" zu verdanken habe. Wenn der das nächste Mal wieder vor der Tür steht, muss ich eben mein Personal noch früher und noch intensiver warnen, ihn ja nicht hereinzulassen.

Der macht wirklich nur Ärger!

🐾 Küchenmathematik

Zur Mittagszeit war Frauli in der Küche und hat für sich und Herrli Essen gemacht. Sie hat sich gefreut, dass sie, wie sie sagte *„Tausend kleine Helferlein"* um sich rum hat und man nicht mal Kartoffeln schälen kann, ohne dass wer zwischen den Füßen herumschleicht.

Ich denke, ich sollte Frauli noch das Rechnen beibringen, denn wir sind doch nur vier Katzen im Haushalt und nicht tausend. Ihr Versuch, uns mit frischen Schälchen voll Katzenfutter abzulenken, war dann auch nur zum Teil erfolgreich, weil ich meine Ration am Schnellsten von allen verdrückt habe und ihr dann sofort wieder beim Kochen helfen konnte. Ich weiß nur nicht, warum sie so flucht, nur weil ich die ganzen Kartoffelschalen als hübsches Muster auf dem Küchenboden ausgelegt habe.

Kartoffeln, besonders die Variante Salzkartoffel sind übrigens seit heute eine meiner neuen Leibspeisen, was ich von Himbeerjoghurt nun mal gar nicht behaupten kann.

Mit Süßkram, den meine Tanten mögen, kann ich überhaupt nichts anfangen, da ist mir was Deftiges wie Nudeln oder Salzkartoffel doch bedeutend lieber. Mal sehen, was morgen auf der Speisekarte meines Personals steht; ich habe beschlossen, regelmäßig den Vorkoster zu machen.

Und tatsächlich:
Knödel, oder manche Leute sagen auch Klöße dazu, sind enorm köstlich und ich kann gar nicht genug davon bekommen.

🐾 Alles „anders"

Heute ist alles recht seltsam. Dauernd schauen mich Herrli und Frauli an, schütteln den Kopf und meinen: *„Irgendetwas stimmt doch da nicht."*

Sie diskutieren darüber, dass sich drei Tierärzte, zwei Tierarzthelferinnen und eine Bäuerin nicht so unglaublich irren können. Sie reden davon, dass *„da was fehlt"* und sie endlich Gewissheit haben möchten, was mich betrifft.

Wie jetzt? Sehe ich etwa anders aus als meine Tanten und andere Katzen?
Scheinbar, denn Herrli sieht mich prüfend an und sagt

„Ich bin zwar kein Tierarzt, aber da fehlt tatsächlich was, das gibt's doch gar nicht."

Also, wenn ich mich so ansehe, kann ich beim besten Willen nicht feststellen, dass da was fehlt. Ich habe zwei Ohren, zwei Augen, eine Nase, einen Mund und vier Pfoten und sehe kein Problem mit meinem Aussehen.

Kurze Zeit später werde ich von meinem Personal in die Transportbox gesteckt und es geht wieder einmal in Richtung Tierärztin. Wollen die mir wieder so spitze Nadeln in den Rücken stechen oder mir meine Ohren mit diesen grauenhaften Wattestäbchen putzen?

Nichts von allem, die Tierärztin begrüßt mich mit den Worten: *„Ah, da kommt ja unser kleiner Willy wieder und seine Augen sehen ja inzwischen hervorragend aus."*

Herrli und Frauli reden ganz aufgeregt mit ihr und meinen, sie müssten Gewissheit über mich haben. Jetzt bin ich aber auch richtig neugierig, um was es eigentlich geht.

Die Tierärztin nimmt mich hoch und dreht mich auf den Rücken, was ich überhaupt nicht mag. Dann greift sie mir zwischen die Hinterbeine und drückt sie auseinander. Moment mal, bin ich hier im falschen Buch gelandet, es geht doch nicht um Feuchtgebiete, oder doch?

Und dann kommt ein Satz, den ich niemals in meinem ganzen Leben vergessen werde:

*„Wir haben uns alle geirrt,
es ist ein Mädchen!"*

Was? Ein Mädchen? Ich? Bricht jetzt eine Welt zusammen oder soll ich mich freuen? Fragen über Fragen stellen sich mir und ich finde keine Antworten.

Herrlis und Fraulis Kommentar lautet lachend

„Dieses kleine Miststück hat uns alle verarscht",

und die Tierärztin lacht kräftig mit.

Meinem Personal stellt sich jetzt allerdings die Frage, ob ich weiterhin Willy heißen soll oder nicht. Herrli meint, mein Name ist künftig Milly, weil man da nur das „W" am Wortanfang auf den Kopf stellen muss und es klingt auch gut.

Frauli sagt, dass sie mich zukünftig vielleicht Wilhelmine nennt. Bloß nicht, dann soll sie lieber weiter Willy zu mir sagen, das gefällt mir viel besser, als so ein konservativer Name. Gerade als Frau vermeidet man doch schließlich alles, was alt macht.

Glücklicherweise muss ich nicht fürchten, dass ich jetzt aus meinem neuen Heim verstoßen werde, weil Herrli gesagt hat, dass es schon egal ist, ob jetzt drei oder vier Mädels im Haus wohnen und wenn ihm nach Kater ist, kann er ja Caruso kraulen. Außerdem braucht das Personal schließlich eine zuverlässige Katze als Stolperfalle, Zehenbeißer, Vorkoster, Leckerlidieb, Körbchenbesetzer, Tantenschreck, Tastaturtrampler und wenn es um die Vertreibung von „Wochenende" geht.

Ich glaube, es ist gar nicht so schlecht, dass ich ein Mädchen bin. Ob ich auch mal so werde wie Tante Salsa?

Wenn ich mir so die Menschen anschaue, haben die Mädchen immer Vorteile:
Sie werden öfter eingeladen, können sich im Gegensatz zu Männern Röcke anziehen, lackieren sich die Fingernägel und es wird ihnen auf der Straße hinterher gepfiffen.

Ich warte jetzt mal darauf, wer mir hinterher pfeift.

🐾 Hinter dem Horizont

Ich habe ja schon lange beobachtet, dass meine Tanten fast täglich durch Türen hindurch gingen, die immer für mich verschlossen waren. Bei der einen Tür konnte ich ein wenig sehen, was dahinter war. Nicht viel, weil direkt davor eine Mauer war, aber links und rechts davon gab es jede Menge Platz mit einem Haufen grünem Zeug, die Menschen nennen das eine Wiese.

Ich bin auch schon öfter an ein paar offenen Fenstern im Haus gesessen, aber mein Personal hat überall Gitter davor gespannt und man kommt sich vor wie im Gefängnis. Angeblich sollen die Gitter Fliegen abhalten, aber ich habe entdeckt, dass man diese Dinger ideal als Steighilfe benutzen kann, wenn man wissen will, wie hoch das Fenster ist.

Immer wenn ich da gesessen habe, gab es interessante Geräusche, Gerüche und ab und zu kamen auch andere Tiere oder Menschen vorbei. Das war ähnlich wie in dem großen eckigen Kasten im Wohnzimmer, den mein Personal „Glotze" nennt, wo man aber nichts riechen kann und wo sie immer wieder mal davor einschlafen, weil die Leute in dem Kasten entweder so langweilig oder so dumm sind.

Immer, wenn ich meinen drei Tanten hinterher gelaufen bin und auch zur Tür hinaus wollte, wurde mir der Weg von meinem Personal versperrt. Ich bin ja schon mal vor ein paar Wochen ganz kurz draußen gewesen, aber in diesen vielleicht 30 Sekunden habe ich eigentlich überhaupt nicht mitbekommen, wie es da so ist. Aber heute ist alles anders. Sie gehen mit mir zur Tür und öffnen sie, ohne sich mir in den Weg zu stellen.

„Heute ist der Tag, an dem du das erste Mal nach draußen gehen darfst. Wir begleiten dich auf deinem Weg dorthin, zeigen dir alles und anschließend kannst du alleine die Gegend erkunden."

Oh, ist das aufregend! Irgendwie habe ich Angst, rauszugehen, aber ich bin viel zu neugierig auf diese Welt da draußen und das, was mich dort erwartet.

Ich bin sicher, dass ich unterwegs auch meine Tanten und viele andere Katzen treffen werde, die mich auf meinem Weg begleiten und vorsichtig setze ich einen Fuß über die Schwelle. Ich atme die Luft um mich ein, lausche den Geräuschen und laufe die vier Stufen der Treppe nach unten.

Mein Blick streift umher und ich bin überwältigt von all den Eindrücken. Ich glaube ich werde noch viele Abenteuer erleben, denn:

Der Tag ist noch lang …

Hier ist mein Tagebuch zu Ende und ich habe doch glatt vergessen, Euch mein mir eigenes Personal vorzustellen.

Das sind Herrli und ich.

Ihm habe ich es zu verdanken, dass ich noch am Leben bin, vielen Dank dafür! Ich wollte mit ihm mein weiteres Leben verbringen, aber Frauli hat mich und meinen Freund Salvatore ohne seinem Einverständnis und seinem Wissen in einen Käfig gesetzt und ist mit uns weit weit weg nach Frankreich gefahren, weil da angeblich alles besser sein soll. Wir konnten uns nicht einmal verabschieden und werden Herrli wahrscheinlich nie mehr wieder sehen.

Zuletzt grüße ich noch alle meine Freunde aus dem Internet. Dank Eurer Überredungskunst konnte ich Herrli mein Tagebuch diktieren, weil ich das Schreiben mit zehn Fingern einfach nicht richtig hinbekomme.

Leider kann ich Herrli keine Fortsetzung diktieren

Schade …

Quellenangaben

Der Wüstenplanet:
Science Fiction Roman von Frank Herbert und
Spielfilm (Dune) von David Lynch

Shades of Grey
Roman Trilogie von E. L. James

Kriminaltango:
Schwarzweißfilm des Regisseurs Géza von Cziffra
aus dem Jahr 1960

Feuchtgebiete:
Roman von Charlotte Roch

Katze-Deutsch / Deutsch-Katze
Erschienen im Langenscheidt-Verlag